New Media

新媒体·新传播·新运营 系列丛书

抖音
短视频与直播运营 慕课版

苗娜 陆婷婷 / 主编　　王丹丹 王艺霏 王瑞麟 / 副主编

人民邮电出版社

北　京

图书在版编目（CIP）数据

抖音：短视频与直播运营：慕课版 / 苗娜，陆婷婷主编. -- 北京：人民邮电出版社，2023.7（2024.6重印）
（新媒体·新传播·新运营系列丛书）
ISBN 978-7-115-61804-7

Ⅰ. ①抖… Ⅱ. ①苗… ②陆… Ⅲ. ①网络营销
Ⅳ. ①F713.365.2

中国国家版本馆CIP数据核字（2023）第088772号

内 容 提 要

当前，在抖音平台开启"短视频+直播"融合运营已经成为品牌营销的新标配。本书系统地介绍了抖音短视频与直播运营的策略、方法与技巧，共分为7个项目，分别为认识短视频与直播、抖音短视频的内容策划、抖音短视频的拍摄与剪辑、抖音短视频推广引流与数据分析、抖音直播的内容策划与执行、抖音直播的复盘、抖音"短视频+直播"融合运营，更充分地挖掘与发挥抖音的商业价值。

本书内容新颖、注重实践，既可以作为高等院校电子商务和市场营销等相关专业的教学用书，也适合各行各业的新媒体运营人员和对抖音短视频与直播运营感兴趣的读者阅读学习。

◆ 主　编　苗　娜　陆婷婷
　　副主编　王丹丹　王艺霏　王瑞麟
　　责任编辑　连震月
　　责任印制　王　郁　彭志环
◆ 人民邮电出版社出版发行　　北京市丰台区成寿寺路11号
　　邮编　100164　电子邮件　315@ptpress.com.cn
　　网址　https://www.ptpress.com.cn
　　固安县铭成印刷有限公司印刷
◆ 开本：787×1092　1/16
　　印张：11　　　　　　　　　　2023年7月第1版
　　字数：264千字　　　　　　　2024年6月河北第3次印刷

定价：49.80元
读者服务热线：(010)81055256　印装质量热线：(010)81055316
反盗版热线：(010)81055315
广告经营许可证：京东市监广登字 20170147 号

前言
FOREWORD

在诸多短视频平台中，尤以抖音发展最为迅速，目前抖音已经积累了超过7亿的月活跃用户。对于互联网来说，流量在哪里，哪里就有商机，免费的流量池、普通人崛起的机会、品牌或企业的宣传窗口、强大的销售能力，都是人们关注抖音的重要原因。因此，现在的抖音既是人们展现自我的舞台，也是商家、媒体、网络红人争夺的阵地。

党的二十大报告中指出："必须坚持科技是第一生产力、人才是第一资源、创新是第一动力，深入实施科教兴国战略、人才强国战略、创新驱动发展战略，开辟发展新领域新赛道，不断塑造发展新动能新优势。"抖音借助自己智能推荐的优势，顺利打通了公域流量广泛触达和私域流量精准投放的闭环。除了短视频，直播也是抖音的标配，"短视频+直播"融合运营已成为抖音运营的常态。凭借"个性化推荐+直播消费"模式，抖音吸引了大量企业入驻，将直播电商作为拉动营收的战略重点。

抖音如今已成为移动互联网流量价值的新入口，也是新时代内容营销的主战场，其影响力已经渗透到互联网的各个角落，在娱乐大众的同时也给无数人带来了机会。很多人在抖音上爆红，大量运营团队在抖音上横空出世，让抖音的运营逐渐演变成院校的一门重要课程。

很多人奔着巨大的红利入驻抖音，但并非每个人都能获得令自己满意的结果。在前期的"野蛮"生长期过去之后，抖音的生态环境已经悄然改变。要想在抖音上成功运营，必然需要成熟的运营方式及推广技巧，这样才能在众多竞争对手中占据一席之地。

本书主要具有以下特色。

· 紧跟时代，内容新颖。本书内容紧跟时代的发展潮流，对抖音短视频与直播运营的各个环节都进行了深度诠释，帮助读者全面提升抖音短视频与直播运营的能力，解决抖音短视频与直播运营中的痛点和难点。

· 案例主导，学以致用。本书列举了大量的实战案例，并深入解析了许多抖音达人的短视频与直播运营技巧，读者可以从他们身上汲取丰富的成功经验，掌握抖音短视频与直播运营的精髓。

· 注重技能，即学即用。本书特别注重实操技能的培养，无论是刚接触短视频与直播行业的新手，还是已经工作在一线的专业人员，都能从本书中学到一定的实战经验和技巧，并应用到自己所从事的工作实践中。

- 资源丰富，拿来即用。本书提供了配套的慕课视频，读者扫描封面和书中的二维码即可观看相关视频。此外，本书还提供了丰富的教学资源，包括PPT课件、电子教案、教学大纲、课程标准、案例素材等，选书老师可以登录人邮教育社区（www.ryjiaoyu.com）下载获取。

本书由苗娜、陆婷婷担任主编，由王丹丹、王艺霏、王瑞麟担任副主编。尽管我们在编写过程中力求准确、完善，但书中难免有疏漏与不足之处，恳请广大读者批评指正。

编　者
2023年6月

目录

CONTENTS

项目一 认识短视频与直播 ······· 1

任务一 初识短视频 ··········· 2

活动1 了解短视频的特点 ··········· 2

活动2 掌握短视频的常见类型 ········· 2

活动3 掌握短视频的商业变现模式 ····· 3

活动4 了解短视频的发展趋势 ········· 5

任务二 初识直播 ··········· 6

活动1 了解直播的特点 ············· 6

活动2 掌握直播的常见类型 ········· 7

活动3 掌握直播的商业变现模式 ······· 8

活动4 了解直播的发展趋势 ········· 9

任务三 初识抖音短视频与直播 ····· 10

活动1 了解抖音平台的特点 ·········· 10

活动2 掌握抖音短视频与直播的常见
类型 ··········· 11

活动3 掌握抖音短视频与直播的商业
变现模式 ········· 15

课后实训：掌握抖音短视频的类型与
变现模式 ········· 16

项目二 抖音短视频的内容策划 ····· 17

任务一 抖音账号定位 ··········· 18

活动1 做好人设定位 ··········· 18

活动2 做好用户定位 ··········· 19

活动3 确定短视频表现形式 ·········· 20

活动4 设置账号信息 ··········· 24

任务二 抖音短视频选题策划 ·········· 25

活动1 把握短视频选题原则 ·········· 26

活动2 策划短视频的选题 ··········· 26

活动3 构思短视频的内容 ··········· 28

任务三 抖音短视频脚本的撰写 ······· 31

活动1 梳理撰写短视频脚本的思路 ····· 31

活动2 撰写不同类型的短视频脚本 ···· 33

课后实训：策划抖音短视频内容 ········ 36

项目三 抖音短视频的拍摄与
剪辑 ·················· 37

任务一 短视频创作团队的组建 ········ 38

活动1 配置短视频创作团队人员 ········ 38

活动2 明确创作团队人员的职责 ········ 39

任务二　短视频拍摄技能················42

　活动1　认识拍摄景别·················42

　活动2　选择拍摄角度·················44

　活动3　确定构图方式·················45

　活动4　掌握光线运用·················49

　活动5　设计运动镜头·················50

任务三　拍摄抖音短视频·············54

　活动1　认识抖音 App 基本操作········54

　活动2　拍摄不同类型的抖音短视频·····59

任务四　使用剪映 App 剪辑短视频·····63

　活动1　导入与粗剪视频素材··········63

　活动2　添加音频并精剪视频··········66

　活动3　添加视频效果···············70

　活动4　视频调色··················76

　活动5　添加文字和贴纸·············78

　活动6　设置封面并导出短视频········80

课后实训：拍摄与剪辑商品推广短

　　　　视频·················81

活动2　实施公域推广引流·············89

　活动3　实施付费推广引流·············90

任务三　抖音短视频数据分析··········92

　活动1　掌握抖音短视频数据分析的

　　　　步骤·····················92

　活动2　把握短视频数据分析的维度·····94

　活动3　借助数据监测工具进行分析·····96

　活动4　实施短视频数据分析与优化····100

课后实训：对抖音短视频进行推广引流和

　　　　数据分析··············102

项目五　抖音直播的内容策划与

　　　　执行·················104

任务一　抖音直播团队的组建·········105

　活动1　明确直播团队人员的职责······105

　活动2　配置直播团队的人员·········106

任务二　抖音直播选品与定价·········107

　活动1　选择直播商品···············108

　活动2　确定直播商品价格···········109

任务三　抖音直播活动的策划·········111

　活动1　了解直播活动的基本流程······111

　活动2　策划直播活动的内容·········114

　活动3　搭建与布置直播间··········117

任务四　抖音直播活动的执行·········121

　活动1　实施直播活动推广引流·······121

项目四　抖音短视频推广引流与数据

　　　　分析·················83

任务一　抖音短视频推荐机制··········84

　活动1　认识抖音推荐机制的运作流程···84

　活动2　把握抖音推荐算法的关键指标···85

　活动3　运用技巧提高短视频的权重····86

任务二　抖音短视频的推广引流········87

　活动1　实施私域推广引流···········87

活动 2 运用直播话术 ·············125

活动 3 管理直播用户 ·············129

活动 4 应对直播中的突发事件 ·····130

课后实训：抖音直播策划和执行 ······132

项目六 抖音直播的复盘 ···········133

任务一 初识直播复盘 ·········134

活动 1 认识直播复盘的必要性 ········134

活动 2 把握直播复盘的基本思路 ······134

活动 3 掌握直播复盘的主要内容 ······137

任务二 抖音直播数据分析 ···········138

活动 1 把握直播数据分析的基本

步骤 ···················139

活动 2 掌握直播数据分析的主要

指标 ···················140

活动 3 运用直播数据分析工具 ·······142

课后实训：分析抖音直播数据 ·········146

项目七 抖音"短视频+直播"融合
运营 ·····················147

任务一 初识抖音"短视频 + 直播"
融合 ·····················148

活动 1 把握短视频与直播的优势

互补 ···················148

活动 2 了解抖音"短视频 + 直播"融合

运营的发展趋势 ·········149

活动 3 构建"短视频 + 直播"营销

闭环 ···················150

任务二 抖音"短视频 + 直播"融合运
营的模式 ················152

活动 1 实施抖音用户融合 ·········153

活动 2 实施抖音 IP 融合 ··········156

活动 3 实施抖音流量融合 ·········158

活动 4 实施抖音变现融合 ·········165

课后实训：进行抖音"短视频 + 直播"

融合运营 ················167

认识短视频与直播

1. 了解短视频的特点与发展趋势。
2. 掌握短视频的常见类型与商业变现模式。
3. 了解直播的特点与发展趋势。
4. 掌握直播的常见类型与商业变现模式。
5. 了解抖音平台的特点。
6. 掌握抖音短视频与直播的常见类型与商业变现模式。

1. 把握时代发展的脉搏,树立理想,坚定信念,培养爱岗敬业的精神。
2. 系统学习理论知识,与时俱进,做好长远规划。
3. 坚持社会主义核心价值观,把握短视频与直播发展的正确方向。

短视频与直播正在改变着人们的生活习惯与工作方式,它使生产、消费与传播等方面产生了深刻的变革。短视频与直播作为两种紧密联系、生动鲜活且备受大众喜爱的内容传播形式,在进入人们的视野后一直处于广泛融合和蓬勃发展的状态。我们要抓住机遇,为短视频与直播领域注入强劲的原动力,推动短视频与直播领域持续高效发展。

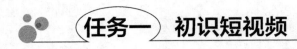

任务一　初识短视频

短视频是指在互联网新媒体平台上播放的，适合在移动状态和休闲状态下观看的、高频推送的视频内容，时长在几秒到几分钟不等，内容融合了技能分享、幽默搞笑、时尚潮流、社会热点、街头采访、公益教育、广告创意、商业定制等主题。随着移动互联网的快速发展，短视频行业持续升温，短视频也逐渐成为网络视听领域中的一片蓝海。目前，短视频已超越电视、网络视频，成为使用率极高、具有高渗透率、高使用黏度的内容传播形式之一。

活动1　了解短视频的特点

中国互联网络信息中心发布的报告显示，截至2022年12月，我国网民规模为10.67亿，短视频的用户规模达10.12亿，占网民整体的94.8%。可以看出，短视频已经成为移动互联网时代主流的内容形式，从互联网平台到内容创业者、普通用户，短视频已经成为信息时代的标配。

短视频之所以如此火爆，是因为短视频相较于文字、图片、传统视频等传统内容传播形式具有其自身的优势与特点，如表1-1所示。

表1-1　短视频的特点

特点	说明
短	即时长短。短视频的时长短，创作者能够利用短视频在较短的时间内讲好故事，做好营销
小	即话题小。短视频涉及的话题比较小，能够聚焦在某个具体的问题上，能够引起用户的共鸣
轻	即内容浅显易懂。短视频内容开门见山，简洁明了，观点鲜明，通俗易懂，适合用户在碎片化时间观看
快	即传播速度快。短视频更新和传播速度非常快，这就要求创作者善于追热点，借势传播，这样有利于短视频扩散
新	即形式新。短视频是创作者利用各种灵感创作出的，充满个性，具有新鲜、新颖、新奇、新意等特点
准	即目标精准。短视频具有指向性优势，可以准确地找到目标用户，实现精准营销
低	即创作门槛低。短视频的创作流程简单，仅使用一部手机就可以实现短视频的拍摄、剪辑、上传和分享，每个人都可以成为短视频的创作者

活动2　掌握短视频的常见类型

短视频的类型丰富多样，常见的短视频类型有以下几种。

1. 剧情类

剧情类短视频是指短视频内容有一定的故事情节，通常两人以上出演，剧情风格各异，如悬疑、推理、情感等。创作剧情类短视频需注重剧情反转，能吸引用户的注意力，并使用户产生共鸣。

2. 搞笑类

搞笑类短视频旨在通过趣闻逸事或夸张、搞笑的喜剧效果来吸引用户的关注。搞笑类短视频的内容形式多样，包括脱口秀、演绎情景喜剧等。创作此类短视频应注意将吐槽点和搞笑点相结合，既能使用户愉悦心情，缓解压力，又能引发用户的思考。

3. 美食类

美食类短视频内容以美食制作、美食展示和试吃为主，其细分类型包括菜谱、美食制作、烹饪技巧、美食探店试吃等。此类短视频不仅可以向用户展示与美食相关的内容，还可以传达创作者对生活的乐观与热情。

4. 才艺类

才艺类短视频指创作者向用户展示自己才艺的短视频。才艺展示包括唱歌、跳舞、乐器演奏、各种手工制作等。这类短视频通常只是单纯地展示短视频中人物的才艺，强调观赏性和娱乐性，也是目前比较主流的短视频类型之一。

5. 知识类

知识类短视频以各种知识的讲解为主，其细分类型包括艺术培训、语言教育和各种专业技术讲解，如摄影知识、办公软件应用等。

6. 时尚类

时尚类短视频的内容以展示潮流、时尚和美丽为主，其细分类型包括穿搭、美妆、美发等。这类短视频主要面向女性用户群体，她们观看短视频是为了能够从中学习一些美妆、护肤、穿搭等技巧，使自己变得更美、更自信。

7. 旅行类

旅行类短视频的内容主要以创作者分享旅行中的见闻和攻略为主，其细分类型包括风景、人文（历史遗迹、博物馆等）和住宿等。创作此类短视频时不仅要有较强的美观性、趣味性，还要有很强的实用性。

活动3　掌握短视频的商业变现模式

短视频的商业变现模式有很多种，包括电商变现、广告变现、渠道变现和内容变现等。

1. 电商变现

电商变现是短视频常见的变现模式之一。创作者直接在短视频内容中加上商品链接或购物车按钮等，用户点击后便会出现商品推荐信息，可直接下单购买。与传统电商的图文形式相比，短视频传递信息明显更直接且富有画面感，更容易激发用户的购买欲望。

创作者要想通过电商变现，需要先确定自己有没有商品。如果有商品，创作者可以根据商品本身制作短视频，体现出商品的功能、价值等，然后在满足账号视频粉丝数量的要求后，开通商品橱窗，销售商品实现变现；如果没有商品，创作者可以做好物"种草"、好物推荐，通过商品橱窗为商家引流拓客，在实现商品销售后获得佣金。

2. 广告变现

广告变现也是短视频常见的变现模式之一。创作者可以凭借优质的内容吸引大量精准用户，提高人气，然后用多样化的表现方式为用户传递品牌信息。

目前，短视频发展迅速，其传播力、表现力满足了品牌商在碎片化、移动化时代不断更迭的新媒体营销需求。品牌商在进行广告投放时，账号的粉丝量和短视频的播放量是其考虑是否投入推广的主要依据。通常情况下，只要账号的粉丝数量、粉丝活跃度达标，创作者就可以接到品牌商的广告单。但是，通常在账号运营中后期才会接触到广告，所以账号运营前期应专心做好内容。

广告变现的类型有很多种，主要包括植入广告、贴片广告、冠名广告、品牌广告和角标广告等，如表1-2所示。

表1-2　广告变现的类型

类型	说明
植入广告	在短视频内容中插入商品或品牌信息，在潜移默化中达到营销的目的，所以对内容和商品、品牌信息的契合度要求较高。植入广告的形式有台词植入、剧情植入、道具植入、场景植入等
贴片广告	通过展示品牌本身来吸引用户注意的一种比较直观的广告变现方式，一般出现在短视频的片头或片尾，紧贴短视频内容。贴片广告具有触达率高、传递高效、互动性强、抗干扰性强等优势
冠名广告	在短视频中加上赞助商或品牌商名称进行品牌宣传、扩大品牌影响力的广告形式。由于冠名广告比较直接、生硬，很多有影响力的短视频平台或账号不愿意把冠名广告放在片头，而是放在片尾，以减少对自身的不利影响
品牌广告	以品牌为中心，为品牌和企业量身定做的专属广告。短视频从品牌自身出发，表达企业的品牌文化和理念，内容生动自然，更能打动消费者。这种广告变现方式更高效，针对性更强，用户的指向性也更明确，但制作费用较高
角标广告	在短视频播出时，一般悬挂在屏幕右下角播放的动态标识，也称浮窗Logo，其优点是不影响用户体验，停留时间长。因此效果好，是很多品牌商青睐的方式之一

3. 渠道变现

在短视频行业内，短视频平台与创作者之间一直保持着共生共荣、互相依赖的关系。为了提升竞争力，很多主流短视频平台推出了自己的分成和补贴计划，以此来激励创作者生产出优质内容，同时鼓励更多新晋的优秀创作者入驻，从而为短视频平台带来更多的流量。

创作者在未找到其他变现方式前，渠道变现是比较容易实现的变现模式之一。渠道变现包括渠道分成、渠道补贴和签约方式。

- 渠道分成。渠道分成就是通过短视频的播放量获得平台收益分成，播放量越高，分成越高。有些渠道分成需要短视频创作者向平台提出申请，申请通过后才能获得分成。
- 渠道补贴。各大渠道为了提升创作者的积极性，会不定期举办一些激励活动，如抖音平台在2022年9月5日发布了针对爱奇艺合作片单的"二创激励计划"，面向影视综创作者征稿，共创优质内容。该计划能让"二创"创作者每周不仅有机会获得最高价值3万元的DOU＋流量激励，还有5万元的现金奖励。
- 签约方式。签约是短视频平台与创作者之间互相选择的过程。短视频平台为了更好地吸引创作者，往往会采用高价酬金的方式。与平台签约独播是创作者实现变现的一种快捷方式，但这种方式适合运营成熟、粉丝较多的创作者，对新手来说不是一件容易的事。

4. 知识变现

如果短视频的内容足够优质，可以为用户提供知识，激发用户的观看欲望，甚至促使用户主动付费观看，那么创作者就可以实现知识变现。这种用户为获得知识而付出资金的方式，其本质在于把知识变成商品或服务，实现商业价值。

知识变现的模式包括课程变现、社群变现和出版变现。

- 课程变现。课程变现就是创作者将短视频中对外传递的知识，以系列课程的形式集结到一起对外出售，让用户收获价值。课程变现适用于各个领域的知识创作者，只要用户认可课程的价值，创作者就可以通过创作系列课程的形式实现商业变现。
- 社群变现。社群变现就是将目标用户从短视频平台导流到私域社交工具（微信、QQ等）上，以建群的方式帮助用户解决难题，提供价值。创作者可以通过设置社群付费咨询、付费课程等模式实现变现。
- 出版变现。创作者将知识创作成体系化的内容，编辑成书，以售卖图书版权作为商业模式，这样做不但可以给自己带来长期的收益，也能提高自身的品牌价值。出版图书对创作者自身要求较高，需要具备专业的技能知识，还需要将所属的创作领域内容进行系统化、体系化梳理，成为一个可以让用户学习知识的媒介形式。

活动4 了解短视频的发展趋势

在新媒体时代，新兴互联网技术日新月异。创作者要想在短视频行业发展立足，必须直面发展过程中的问题与挑战，了解短视频行业的发展趋势。短视频行业的发展趋势主要体现在以下几个方面。

1. 强化内容价值

从媒介属性而言，短视频由于其内容特征的视频化，在媒体深度融合中抢占了发展先机。未来，短视频发展要回归内容价值，从娱乐、社交、消费等轨道逐步转向新闻资讯、生活服务、文化传承等参与社会建构的轨道上，从社交属性过渡到内容属性。短视频内容更加注重价值体现，创作者应将关注点放在价值观的展现及情感价值的链接上。真实、原生的内容更能吸引用户，给用户留下深刻的印象。

创作者要在内容制作的专业水准上有更高的追求，同时短视频平台也肩负着传播正能量、传播正确价值观的社会责任。创作者强化内容，短视频平台强化运营，未来应深化拓展"内容＋运营"的融合互动模式，实现短视频媒体化与新闻化。

2. 提高智能水平

短视频的兴起得益于智能手机等终端设备的更新迭代、5G网络的普及及人工智能技术的发展，"人工智能＋短视频"的进程将持续深化。"5G＋AI"融合发展的趋势将进一步推动短视频与直播的融合发展，直播将成为短视频平台的标配。

5G将催生互动视频、VR/AR等沉浸式视频，随着移动化、场景式体验逐渐增强，"直播＋"将日益融入社会生活；人工智能技术的运用使短视频推送目标更加精准，长短视频的融合发展也将推进视频内容的智能化与协同化生产，短视频内容审核将更加规范；区块链技术将推进短视频版权保护模式的创新。

3. 注重用户需求

随着短视频不断融入社会生活，下沉、垂直、细分将成为未来短视频行业推进内容消费的重要趋势。相关数据显示，短视频用户结构中，三、四、五线城市的短视频用户数量呈增长趋势。短视频行业的下沉市场仍然具有很大的深耕和挖掘空间，这为短视频平台未来的发展战略调整提供了方向。

短视频下沉需要重视多层次用户群体的观看需求。当下，"Z世代"（生于1995~2009年间的人）是短视频应用的重要用户群体。从短视频消费升级的角度看，国风、养生、趣味、传统文化等"Z世代"热衷的内容与短视频平台的内容相契合，短视频平台未来盈利模式的优化将受其带动和影响。

未来，短视频的内容将更加垂直化和细分化。一方面，资金支持使得更多垂直领域的创作者可以制作高质量的短视频内容；另一方面，用户在养成短视频的消费习惯后，在消费升级的背景下，会对垂直细分领域的内容产生更多的需求。

4. 拓展功能服务

"短视频+"将持续创造新动能，推动多行业的交叉融合，形成"短视频+电商""短视频+音乐""短视频+教育""短视频+游戏""短视频+文旅"等多种内容形式，短视频正在成为社会各行业发展的新生动力。

未来，短视频将不断创新，升级服务，调整功能，在直播电商、生活服务、休闲娱乐、知识传播与内容付费等模式的带动下，将深度融入社会生活与行业领域，更具连接性和中介性，消除更多行业边界，推动更多行业持续发展。

5. 变现模式多元化

短视频的商业潜力巨大，无论是广告投入还是电商带货，都有着巨大的先天优势。在广告投入方面，大量的品牌商将广告投放到短视频领域，由于短视频营销具有实惠、经济、转化率高、投放精准等特点，越来越受到品牌商的青睐。短视频营销需要电商来进行变现，而电商则需要通过短视频进行更多场景化的销售，通过短视频引流拓客，实现营销手段升级。

未来短视频的变现模式将IP（Intellectual Property，知识产权）化，在变现模式上，IP开发是非常直接的一种模式，无论是做衍生品开发，还是IP影视剧制作，只要接入电商，都有极大的潜力，还能更好地带动粉丝经济。

任务二 初识直播

在互联网时代，直播就是指网络直播，网络直播是一种基于互联网技术，借助于各类信息接收平台和终端，以即时的视频和语音信息为内容形式，可以实现传受双方即时互动的新型信息传播方式。中国互联网络信息中心发布的报告显示，截至2022年6月，网络直播用户规模达7.16亿，占网民整体的68.1%。随着移动互联技术的发展，网络直播已经成为人们重要的娱乐形式和生活方式。

活动1 了解直播的特点

当前，直播具有以下特点。

1. 便捷性

在互联网时代，人们只要随身携带能够接收网络信号的便携设备，如智能手机、平板电脑、笔记本电脑等，连接网络，就能随时随地进行直播或观看直播，十分便捷。由于其便捷性，越来越多的人加入直播行列。

2. 交互性

直播具有交互性强的特点，主播可以与用户进行双向或多边的实时交流。主播可以分享自己的感受，实时表达自己的观点，而用户可以通过留言和提问与主播互动。这种实时互动交流的形式能够提升用户的参与感，拉近主播与用户之间的距离。

3. 真实性

科技的不断进步使直播应用到广泛的场景中，主播可以给用户展示商品及商品的生产制作过程，通过试吃、试用、试穿等方式让用户直观地了解商品的特征和优势，提升用户的信任感，从而刺激其产生购买欲望并做出购买行为。直播具有真实性，真正地实现了"所见即所得"，有助于提升营销的转化率。

4. 娱乐性

不同的主播展现出来的直播内容或许不同，但无论哪一种直播，主播呈现出来的内容往往带有娱乐因素，能够让用户感到快乐，使用户在娱乐中进行消费。直播的内容丰富多样，如才艺展示、户外旅游、知识教学、电商卖货、商品发布会等，为了提升用户的观看兴趣，主播要通过娱乐性内容满足用户娱乐休闲与便捷购物的需求。

5. 影响性

当前，直播已经逐渐延伸到政务、公益、教育等领域。在主播的带动、官方力量的助推和平台的技术支持下，公益带货直播较传统交易模式具有更强、更广泛的影响力，无论是交易量还是交易金额，都是对传统交易模式的一种颠覆。

直播的移动化、多样化赋予了直播这种传播媒介特殊的优势，而作为平台核心资源的主播也被赋予了更大的影响力。

6. 灵活性

在传统直播条件下，受到时间和空间的限制，用户完全处于被动局面，没有选择的余地。而在互联网时代的直播条件下，网络平台可以储存相关的视频信号，如果用户错过了某个直播，可以登录网络平台点播。相较于传统直播，互联网时代的直播将主动权交到用户手中，有了更大的灵活性。

活动2 掌握直播的常见类型

直播的类型多种多样，比较常见的类型有以下几种。

1. 泛娱乐直播

泛娱乐直播涵盖范围较广，包括文学、动漫、影视、音乐、体育、演艺等领域。泛娱乐直播是目前发展态势良好、商业模式成熟、用户群体稳定的直播类型之一。泛娱乐直播的目的通常是打造主播IP，带动粉丝经济，它是一种面向所有类型用户的直播类型。在直播市场，泛娱乐直播占据着大量份额，其发展迅速，收益丰厚，但对主播的综合能力要求较高，竞争十分激烈。

2. 电商直播

电商直播是运用直播平台对商品或服务进行直播展示的一种直播类型。电商企业、品牌商通过优质的直播内容触达并吸引用户，使用户产生需求并做出购买决策，从而形成转化。由于电商直播具有真实性和可控性，带给用户的现场感很强，所以更容易促使其产生购买行为。电商直播的主要平台是各大电商App，如淘宝、京东、拼多多等，同时抖音、快手等短视频平台也添加了直播带货功能，电商直播也进行得如火如荼。

成功的电商直播需要具备的3个要素，如图1-1所示。

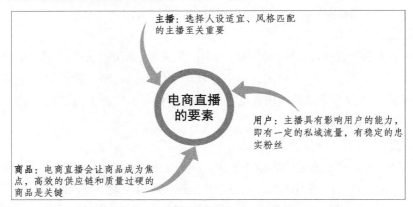

图1-1 成功的电商直播需要具备的3个要素

3. 教育直播

教育直播是教育和直播相结合的直播类型。教育直播可以实现远程教育的功能，让学习变得更加便捷，且呈现形式多种多样，互动性强，可以实时答疑和讲解。教育直播平台主要有荔枝微课、千聊、腾讯课堂等。

4. 游戏直播

游戏直播是以电子竞技为主要内容的直播，主要面对游戏爱好者，也是如今占据市场份额较大的一种直播类型。游戏直播平台主要有虎牙直播、斗鱼直播等。国内游戏直播市场一般以"官方赛事＋第三方自由赛事"为基础，构建出了一套自有的游戏直播产业链。

5. 资讯直播

资讯直播具有很强的媒体属性，是媒体融合的重要方向。资讯直播必须具有广泛的媒体覆盖度、媒体公信力、内容影响力和足够的思想性，而这些必须依靠专业的媒体策划和选题能力等硬实力作为保障。

活动3 掌握直播的商业变现模式

直播常见的商业变现模式有以下几种。

1. 用户赞赏模式

用户赞赏模式是直播平台中常见的变现模式，用户通过平台在线付费充值购买各种虚拟道具，或者送礼物给主播，对主播的优质内容进行赞赏。主播通过与直播平台分成获得收益。

2. 商家广告模式

当主播拥有一定的知名度以后，很多商家会看重直播间的流量，委托主播对他们的商品进行宣传，主播可以收取一定的推广费用。直播平台也可在App、直播间、直播礼物中植入广告，按照展示/点击量来结算费用。

3. 会员增值服务模式

会员增值服务模式是指根据直播间的功能特点进行定制化服务，用户支付一定的金额成为会员后可享受更多的功能或服务，如个性化点赞、身份特权、内容特权、升级提速等。

4. 内容付费模式

内容付费模式对直播的私密性要求较高，用户通过购买虚拟门票、计时付费等方式进入直播间观看付费内容，如付费后才能观看的教育直播、体育赛事直播、演唱会直播等。付费直播的内容质量相对较高，能够吸引用户，并有效地留住用户。

5. 电商导购模式

电商平台一般会采取电商导购模式。电商导购模式有两种：一是主播自己经营店铺，利用直播内容吸引用户；二是某店铺需要主播推广店铺商品，主播负责在直播时推广店铺商品，以此来吸引用户。用户观看直播时可以直接挑选并购买商品，最终直播平台和主播/店铺分成。

活动4　了解直播的发展趋势

从直播的发展情况看，其发展趋势主要表现在以下几个方面。

1. 内容垂直化

内容垂直化是未来直播行业的发展趋势之一。随着直播行业的兴起、爆发，同质化直播增多，导致用户的观看兴致不高。随着市场饱和度的增加及用户成熟度的提高，用户对直播内容的需求增加，同时对内容专业程度有了更高的要求。在众多同质化直播间中做内容垂直化，将直播内容聚焦在某一特定领域，在细分市场做内容的垂直深耕，将是未来直播内容输出的主要发展趋势之一。

在国家有关管理部门将直播纳入法治轨道之后，"直播＋垂直领域"的信息生产格局开始出现，直播逐渐与专业领域相结合，延伸出具体的应用场景，这既为直播找到了适合自己的生存空间，又为其可持续发展提供了保障。

2. 管理规范化

直播带货是直播营利行为中的常见形式之一。直播带货业务蓬勃发展，本就是经济活力的反映，其在促进灵活就业、丰富消费场景、繁荣网络生态、服务经济发展等方面发挥了重要作用。但是，直播带货中还存在诸多乱象，如虚假宣传、销售假货、主播偷税逃税等问题，这些问题会损害消费者权益，成为直播发展的"绊脚石"。

在此背景下，直播受到规范化监管是必然的。目前，多部门已联合发布了相关规范文件，文件涉及直播营销行为规范及主播税收征缴方面的规范内容。在中华人民共和国国家互联网信息办公室、国家市场监督管理总局及国家广播电视总局等部门的联合监管下，一系列对直播进行规范化管理的政策、制度不断推出，强化了对直播平台及整个直播行业秩序管理的规范化，从方向上确保了直播技术在法律和法规范围内有效运行。

规范是为了更长远地发展。通过构建跨部门协同监管的长效机制，加强对直播营利行为的规范性引导，直播行业得以稳步前行。

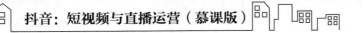

3. 格局多元化

以职业生成内容（Occupationally-Generated Content，OGC）为主导的传统直播将和以用户生成内容（User Generated Content，UGC）、专业生成内容（Professional Generated Content，PGC）、专业用户生成内容（Professional User Generated Content，PUGC）三种内容形式为主导的直播形成优势互补，而OGC也将逐渐向PUGC甚至是PGC过渡。最终，直播会成为重要的辅助性信息获取渠道和新的传播方式，同时也为用户提供了更为丰富多元的文化内容。

4. 形式主流化

形式主流化指直播在运用过程中贯穿主流意识形态或主流价值观，表现为两种形式：一是官方机构运用直播，二是直播的内容贯穿主旋律内容。从本质上讲，直播形式的主流化是主流意识形态与直播技术融合的结果，是官方机构对新技术的"收编"和新技术"合法化"运用的一种策略。官方机构会充分利用直播这种新型内容传播形式进行信息公开，与用户积极互动。未来，直播会成为主流的内容传播形式之一。

5. 体验真实化

直播平台为用户创造了一个个的虚拟时空，让用户产生身临其境的感觉，增强了用户黏性。随着高精技术的出现，VR和AR技术将应用在视频领域，无论是电影、会议、游戏比赛或音乐演唱会等，都可以利用VR和AR技术让人体验身临其境的直播感觉，这将为用户带来颠覆性的视觉享受和信息交互体验。

任务三 初识抖音短视频与直播

抖音用户规模在整个短视频市场规模中一直占据前列，目前，抖音的总用户数量已超过8亿，日活跃用户数超过7亿，人均单日使用时长超过2小时。抖音的出现不仅改变了人们的休闲娱乐方式、阅读习惯，还改变了人们的价值取向，形成了具有时代特色的抖音文化，对信息传播产生了深远影响。

活动1 了解抖音平台的特点

抖音是一款音乐创意短视频社交软件，于2016年9月20日上线。用户可以通过抖音分享自己的生活，同时也可以在这里认识更多朋友，观看各种奇闻趣事。抖音最初是一个专注于年轻人的音乐短视频社区，用户可以选择歌曲来搭配短视频，制作自己的作品。用户还可以通过调整视频拍摄速度、视频编辑、特效（反复、闪一下、慢镜头）等功能让视频更具创意。

抖音平台具有以下特点。

1. 操作便捷，体验感好

抖音短视频的时长一般较短，拍摄制作简单便捷，每个用户都可以在抖音发挥自己的特长，进行或简单或复杂的创作。抖音的默认打开方式很简单，进入"推荐"页面，用户只需用手指轻轻一划，就可以播放下一条短视频。由于短视频的全屏播放，用户的注意力不会被打断，体验感很好，会不自觉地沉浸在短视频的内容中。

2. 内容优质，用户众多

抖音平台上的内容丰富多样，既有娱乐性较强的音乐、舞蹈、搞笑段子等内容，使用户观看后心情轻松、愉悦，也有大量的知识性内容，如生活知识、人文知识、科普知识等。在抖音平台上，无论是短视频内容还是直播内容，甚至是商品内容，只有优质的内容才能吸引更多的用户。

抖音平台用户众多，人均使用时长远超其他平台，所以用户活跃度高，黏性强，具有巨大的流量优势。因此，抖音是许多品牌和企业在营销推广时优先考虑和选择的平台之一。

3. 参与性强，社交性弱

抖音平台会定期推出视频标签，邀请创作者参与到同一主题短视频的创作中。这些视频标签激发了创作者的创作灵感，创作出来的内容由于具有很高的参与性和娱乐性，所以很容易被其他用户分享转发，进行传播扩散。另外，抖音平台能够根据用户的特征实现个性化推送，引发用户的共鸣并使其持续关注。所以说，在抖音平台上无论是创作者还是用户都有很强的参与性。

但是，抖音平台的社交性较弱，抖音的内容属性远强于社交属性，相比于把它作为日常的社交工具，用户更愿意在抖音平台中观看视频或分享视频。

4. 重视营销，赋能电商

随着直播电商的发展，抖音平台已经添加了电商功能，例如，在流量、用户数据、商品管理等方面，给商家提供全方位的支持，有抖音电商罗盘、巨量千川等相关的平台和工具，帮助商家很好地实现电商运营。

目前，抖音电商已经有很完善的体系，从边看边买的展示方式，到商品橱窗中展示的商品，再到与第三方店铺关联，打通了整个购物生态链，让用户在观看短视频或直播的过程中畅通无阻地购买商品，在享受娱乐的同时完成消费。此外，直播带货模式的兴起也给抖音电商增加了新的玩法，丰富了用户的购物选择，增加了创作者在电商活动中的可选项。

未来，随着短视频行业的竞争越来越激烈，抖音在商业变现上会追求探索更多样化的形式，在保证内容质量的基础上结合商品特征，形成健康、可持续的传播理念；同时，在创意上与品牌商合作开发具有故事性、观赏性、引导性的内容。

活动2 掌握抖音短视频与直播的常见类型

抖音平台仍处于发展阶段，现在想要入局抖音短视频与直播还为时不晚。但是，很多人看到抖音平台五花八门的内容，却不知道自己该做什么类型的短视频与直播。

1. 抖音短视频的类型

依据内容来分，抖音短视频可以分为以下类型。

（1）才艺展示型

才艺展示型短视频主要是展示创作者的才艺。才艺不仅是唱歌、跳舞，还包括乐器演奏、相声、脱口秀、口技、书法、绘画、手工等。创作者在抖音平台只要能够秀出自己的独特才艺，表达与众不同的观点与想法，都有可能快速上热门。才艺展示型短视频如图1-2所示。此类短视频通常先"涨粉"再变现。有了一定的粉丝基础，创作者可以考虑在短视频中植入想要销售的商品，让用户在观看才艺表演时注意到商品信息，引发用户的兴趣，激发用户的购买欲望。需要注意的是，销售的商品应与自身才艺密切相关。

图1-2　才艺展示型

（2）知识讲解型

知识讲解型短视频主要是靠知识分享来吸引用户。知识领域涵盖很广，包括编程、办公软件、英语、摄影、健身等，如图1-3所示。此类短视频对创作者有一定的要求，最好有一定的专业性或具备专家身份背书等，可以在短视频中输出一些行业"避坑"指南、专业知识，给用户一种值得信赖的感觉。此类短视频一般通过售卖课程的方式变现。虽然这类短视频账号的变现方式比较单一，但是由于目标用户精准，营销效果也不错。

图1-3　知识讲解型

（3）剧情/搞笑型

剧情/搞笑型短视频的内容包括发生在真实场景下的剧情、演绎性剧情和幽默搞笑段子等，如图1-4所示。创作者在拍摄此类短视频时要在内容中设置反转、冲突、矛盾等情节，以引起用户的关注、兴趣，使用户产生共鸣。利用此类短视频营销时，创作者可以将商品植入剧情，如服饰、食品、家居生活用品等，采用这种软植入的方式营销效果会更好。

图1-4 剧情/搞笑型

（4）生活随拍型

生活随拍型短视频主要是记录真实的生活、宠物生活、育儿日常等，如图1-5所示。创作此类短视频应注意增强人设的真实性，让短视频看起来更有人情味，更贴近生活。这样的短视频制作起来比较简单，且很容易吸引用户，使用户产生信任感，等账号积累足够的粉丝后，也比较容易变现。

图1-5 生活随拍型

（5）"种草"购物型

"种草"购物型短视频是指通过内容向用户"种草"某商品，吸引用户购买的一种短视频类型，如探店类、测评类、穿搭类等短视频，如图1-6所示。此类短视频的目的就是销售商品，积累一定的粉丝后很容易引流变现。

图1-6 "种草"购物型

2. 抖音直播的类型

抖音直播的类型主要有以下几种。

（1）娱乐直播

娱乐直播是抖音直播的常见类型之一。直播内容主要展现主播的才艺，如唱歌、跳舞、脱口秀等，并且主播有较好的外貌条件，能够很好地和用户互动。娱乐直播一般没有带货方面的要求，所以直播团队人员的配置一般较为简单，会将主要精力用于抖音账号的日常运营。

（2）电商直播

电商直播是以销售商品为主，是目前抖音直播的主要类型之一。电商直播的主体类型也逐渐多样化，除了"网红"、品牌店铺，还有企业家、名人、艺人及零售个体户等参与到电商直播中。电商直播对主播的要求较高，如表达能力要强，临场反应要快，对商品信息要熟记于心。

（3）新闻直播

由于抖音的巨大流量和高人气，很多政务媒体机构也纷纷入驻抖音，并在抖音平台开展直播，以达到日常的政策宣传、政务触达及资讯传播等目的。例如，抖音账号"央视新闻"的粉丝数量已经突破1.2亿。这类账号的直播内容多为新闻事件和活动，如新闻发布会、文艺演出等，且直播间往往有着较多的流量。

（4）销讲直播

销讲直播是一种更适合专业化和个性化商品或服务的直播类型。这类直播的内容是主播通过专业的介绍来引导用户购买他们不熟悉、价格较高，但又十分需要的商品。目前，抖音平台上出现越来越多的销讲直播，如二手车买卖、知识教学、看房、法律咨询服务等。

（5）品牌直播

很多品牌也入驻了抖音，完成了抖音官方账号的认证工作，并利用抖音直播开展品牌的日常宣传活动。一般来说，这类直播不销售商品，以品牌宣传为目的。

（6）旅游直播

旅游直播是指主播在户外展示自然风景的旅游观光类直播。这类直播的内容主要涉及旅游攻略、历史遗迹、野外探险等。这类直播的表现形式多样，但为了突出自然风光，直播团队要足够专业，直播设备也是越高端越好。

除此之外，抖音平台上还有美食类直播、情感咨询类直播、语音类直播等。

活动3 掌握抖音短视频与直播的商业变现模式

抖音不仅是一个短视频平台，也是一个直播带货成交总额超过5000亿元的电商平台，其商业变现模式多种。

1. 橱窗变现

抖音账号可以通过开通商品橱窗实现变现。无论是个人还是企业，都可以申请开通抖音小店售卖商品，形成电商闭环，也可以在商品橱窗中添加商品链接，用户点击链接即可购物，这些都给用户带来很好的购物体验，也使个人和企业更快实现变现。

例如，抖音账号"海尔官方旗舰店"的账号首页及店铺商品如图1-7所示。又如，文化自媒体账号"说书哥哥"通过推荐各种书籍进行变现，其账号首页如图1-8所示。

图1-7 "海尔官方旗舰店"账号首页及店铺商品　　　　图1-8 "说书哥哥"账号首页

2. 直播变现

抖音账号还可以通过直播实现变现。直播变现包括品牌/商家直播带货和达人/素人直播带货两种变现方式。

对于品牌/商家来说，他们都有自家的商品，通过直播可全面展示并讲解商品，烘托购物气氛，激发用户的购买欲望，只要商品品质、价格、服务存在优势，就可以通过直播带货售卖出去；对于个体经营者来说，自己有商品，可以自己直播带货，如果带货效果不够好，还可以雇用粉丝较多的达人帮助售卖，而达人不仅能获得广告费，商品成交后还可以获得佣金。

3. 广告变现

抖音账号实现广告变现的途径主要是星图平台，该平台是致力于广告资源合作的平台，担任着抖音账号和品牌商/广告主之间的中间角色。当抖音账号拥有10万粉丝，入驻星图平台后创作者就可以接广告来变现。抖音账号入驻星图平台不用担心接不到广告，星图平台上有大量的资源，还可以省去亲自谈价格、签合同、反复修改脚本的麻烦，星图平台已经对价格做出了规定，可避免被屏蔽和被封号的风险。

4. 知识变现

在抖音平台上，知识类内容越来越多，播放量普遍不低，这说明抖音平台有一部分用户喜欢观看知识类内容，并且能够接受知识付费。知识变现的模式就是指创作者从自身的一些知识经验出发，向粉丝分享专业知识，感兴趣的粉丝可以为观看的内容付费，如技能教学、健身舞蹈、创意设计、职业教育、育儿知识等。

5. 流量变现

随着抖音的发展，变现模式也越来越多，流量变现也是一种常见的变现模式。流量变现是指将线上流量引流到线下，如增加线下实体店的客流量，从而提高线下实体店的销量；或者将线上公域流量引到自己的私域流量池进行变现，如将账号粉丝引流到自己的社群，通过社群运营完成课程或商品等的售卖。

课后实训：掌握抖音短视频的类型与变现模式

1. 实训目标

掌握抖音短视频的类型与变现模式。

2. 实训内容

4人一组，以小组为单位，搜集抖音平台上具有代表性的短视频账号，分析其类型与变现模式。

3. 实训步骤

（1）搜集短视频账号

要求每组至少搜集10个短视频账号，分别属于不同的内容领域。

（2）分析短视频的特点与类型

分析这些短视频账号发布的短视频有哪些共性特点和个性特点，属于哪种类型的短视频。

（3）研究短视频账号的变现模式

仔细研究搜集的这些短视频账号，分析其变现模式有哪些，总结出抖音账号常见的变现模式。

（4）实训评价

进行小组自评和互评，撰写个人心得和总结，最后由教师进行评价和指导。

课后思考

1. 简述抖音平台的特点。
2. 简述抖音短视频与直播的商业变现模式。
3. 简述抖音短视频的常见类型。

项目二

抖音短视频的内容策划

知识目标

1. 掌握做好抖音账号人设定位和用户定位的方法。
2. 了解短视频的表现形式。
3. 了解策划短视频选题的原则。
4. 掌握策划短视频选题的方法。
5. 掌握构思短视频内容的方法。
6. 掌握短视频脚本的类型及撰写方法。

素养目标

1. 坚定文化自信，构建民族文化价值观，积极投身社会主义文化强国建设。
2. 坚持理论与实践相结合，培养实事求是、勇于创新的精神与态度。
3. 坚持守正创新，拓展新媒体知识的深度和广度。

随着短视频领域的不断发展，短视频领域的竞争越来越激烈，创作者要立足根本，坚持原则，勇于创新，策划出用户喜闻乐见的优质内容。短视频的内容策划是创作出高质量短视频的前提。创作者要想让自己的短视频脱颖而出，就要策划好短视频的选题和内容，选题要新颖有创意，内容要贴近用户，能够解决用户的问题，满足用户的需求，只有这样才能确保短视频账号后期的正常发展和运营。

（任务一）抖音账号定位

要想在抖音平台上运营好短视频账号，关键是创建账号时要有清晰的定位。清晰的定位能够帮助账号快速涨粉，利于后期的运营及商业变现。定位清晰，专注做某个领域的垂直化内容不仅可以得到平台的扶持，还可以吸引更多的用户关注。做好账号定位，要注意体现出自己与其他账号的不同，利于自身账号在众多的抖音账号中脱颖而出。

活动1 做好人设定位

人设是人物设定的简称，就是创作者通过短视频内容塑造出镜人物的典型形象和个性特征。通常来说，成功的人设能在用户心中留下深刻的印象，让用户能够通过某个或者某几个标签，快速地想到该账号及短视频中的出镜人物。

做好账号的人设定位，创作者需要从以下几个方面来考虑。

1. 明确"我是谁"

创作者在创作短视频之前，首先要在心中问自己：我是谁？我要在用户面前树立一个什么样的人物形象？我适合创作哪种题材的短视频？

创作者首先要做自己喜欢的内容，选择自己擅长的领域，明确短视频的创作方向，并找到内容中的闪光点和与众不同的呈现角度，然后沿着这个方向持续做下去。

2. 传递何种价值

明确了创作方向后，创作者接下来就要思考"我要传递何种价值"。短视频内容要体现出创作者的价值观念，且这个价值观念要与用户一致，这样才更容易打动用户，使用户产生共鸣并主动传播扩散，进而提高短视频的播放量。

3. 如何实现价值

创作者在有了创意内容之后，接下来就要思考"如何实现这种价值"，选择什么样的表现形式来诠释短视频主题。例如，是用一段完整、连贯的短视频，还是用一张张串联起来的图片；是准备真人出镜，还是采用动画形象；是解说评论，还是街头采访等。需要注意的是，当创作者选择了一种表现形式以后，就要长期坚持下去。只有这样，这种表现形式才会成为该账号的标签，深刻地烙印在用户的心中。

例如，抖音账号"一禅小和尚"塑造的是可爱的动漫人物形象一禅，通过分享和深谙世事的老师父之间的对话来解答人世间的情感问题，用最直白的语言阐述道理，用动画的表现形式很好地诠释了人物情感，使用户深思，如图2-1所示。

图2-1 抖音账号"一禅小和尚"发布的短视频

活动2　做好用户定位

如同做商品营销，抖音短视频也需要定位自己的目标用户，如果目标用户定位不精确，即使做出的内容再好、再有价值，也是没有人看的，更无法变现。创作者要从用户角度为账号定位，了解目标用户的特征，进而满足他们对内容的需求。

在抖音平台创作短视频，创作者必须了解平台的用户属性，清楚他们的共同特征，才能更精准地定位目标用户，并吸引他们的关注。要想了解抖音平台的用户属性，创作者可以分析以下方面，如表2-1所示。

表2-1　抖音平台的用户属性

类别	说明
性别特征	男女用户比例均衡，说明抖音整体规划比较好
兴趣爱好	男女用户有着各自喜欢的内容，男性用户偏好军事、游戏、汽车等内容，女性用户偏好美妆、母婴、时尚穿搭等内容。男女用户共同喜好剧情、生活、美食等内容，据统计，观看情感和影视娱乐短视频的用户数量增长较快
年龄特征	抖音用户较年轻，主要集中在35岁以下，其中25~30岁比例较高，这说明年轻人是内容传播的主力军
消费特征	17~20岁的用户群体虽然比较活跃，但其消费水平并不高，而25~30岁的用户群体消费水平相对较高，他们是抖音上主要的消费群体
地域特征	抖音平台上一、二线城市用户比例超过了50%，三、四线城市用户数量增长较快，抖音用户的地域覆盖面比较广
时间特征	据统计，抖音用户观看短视频的时间高峰在12:00和20:00，周末在9:00—17:00比较活跃，工作日在19:00—23:00比较活跃

从以上的几个用户属性来看，抖音男女用户比例均衡，年龄偏年轻化，用户消费能力较强，消费水平处于中端。了解了整体用户属性，接下来为自己的账号做目标用户定位。

创作者做目标用户定位时，需要考虑以下几个方面的问题。

1. 内容给"谁"看？

创作者应该清楚自己创作的短视频内容适合哪些人看。一般来说，创作者应专注于某一个垂直细分领域，持续深耕，挖掘有价值、有深度的内容，吸引对该领域感兴趣的目标用户的注意，满足他们对内容的需求。例如，教授舞蹈的知识类账号，就要定位需要学舞蹈的目标用户，美妆账号就要定位年轻女性用户等。

2. 内容适合哪些年龄段的人看？

不同领域的内容适合不同年龄段的目标用户，例如，养生方面的内容适合年龄较大的人看，游戏、娱乐方面的内容适合年轻人观看，幼儿教育类内容适合儿童观看等。因此，创作者要根据内容来定位目标用户的年龄段；反之，在创作内容时，也要尽量扩大目标用户的年龄跨度，能够使目标用户的数量更多。

3. 目标用户有哪些共同特点？

创作者还要了解目标用户都有什么共同特点。例如，分析那些关注时尚美妆抖音账号的粉丝，其特点为：多为年轻女性，她们爱美、关注时尚、关注潮流，购买力较强。只有了解了目标用户的特点，创作者才能更好地满足他们的需求。

4. 目标用户有哪些爱好与习惯？

创作者还要了解目标用户的喜好和习惯，例如，目标用户喜欢关注名人推荐的商品，除了看抖音，还喜欢刷微博，喜欢网购，乐于尝试新事物。了解了目标用户的习惯以后，运营短视频账号时就要有针对性地制定策略，从而提升吸粉引流的效率。

需要注意的是，用户定位并不是一次到位的，需要在运营过程中不断调整。进行用户定位是一个不断探索的过程，创作者需在探索中找到更加精准的目标用户。

活动3　确定短视频表现形式

短视频的表现形式决定了创作者以何种方式向用户展示短视频的内容，不同的表现形式会给用户带来不同的观看体验。在创作短视频之前，创作者需要选择并确定符合短视频定位的表现形式。抖音平台上比较热门的短视频表现形式主要有图文形式、实拍形式、动画形式、解说形式、Vlog形式等。

1. 图文形式

图文形式通常是在一张底图上加上一些文字，通过图片与文字的结合来传达信息。这种形式门槛低，制作简单，易操作，几乎不需要视频拍摄和后期剪辑。图文形式的内容常以知识清单的形式出现，信息密度集中，简洁直接，容易获得用户的点赞和收藏。适合选择图文形式的短视频内容主要包括生活记录、科普知识、时尚、美食、宠物等。

目前，抖音平台非常重视图文形式短视频的发展，并发布了多项举措，如功能改进、流量扶持、商业变现等，激励创作者的创作热情，提升他们的创作积极性。抖音账号"白胖子Jacques"发布的一条以图文形式记录杭州西湖美景的短视频，如图2-2所示。

图2-2　抖音账号"白胖子Jacques"的图文短视频

2. 实拍形式

实拍形式的短视频在抖音平台占比很高，这类形式的短视频更具真实感和代入感，更容易拉近与用户之间的距离。实拍形式分为真人出镜和其他事物出镜两大类。

（1）真人出镜

真人出镜形式的效果要比纯字幕和图文形式好，因为它更真实、具体且生动，人物形象如动作、表情、语言和个性展现得更直观，更容易获得用户的好感，使个人品牌得到快速传播。例如，抖音账号"普陀山小帅"发布的短视频采用真人出镜的形式以出色的口才讲解旅游景点，受到了用户的喜爱，吸引了众多粉丝，如图2-3所示。

适合选择真人出镜形式的短视频内容包括脱口秀、搞笑剧情、知识分享、探店、Vlog等。有些短视频为了塑造神秘感和新鲜感，出镜人员选择蒙脸出镜，激发用户的好奇心，或者易装出镜，用外形或性别的反差给用户留下深刻的印象。有些短视频为了更好地诠释内容主题，只露出双手，这种表现形式多用于测评类账号，能够突出物品的细节，利用手势和声音相配合来完成对商品的测评。

为了更好地塑造人物形象，创作者选择出镜人员时，除了考虑要有较好的外形、较高的网络内容敏感度、较强的表达和表演能力，还要有突出的个性特征，这样才能够加深用户的印象，为账号快速"吸粉"引流。

图2-3 抖音账号"普陀山小帅"的真人出镜短视频

（2）其他事物出镜

其他事物出镜的短视频主要包括宠物出镜、风景出镜和美食出镜等。宠物出镜的短视频侧重于展现宠物和主人的日常，或者展现宠物的拟人态，通过它们可爱的外表和与人类相似的行为反馈，产生逗趣、暖心的效果，同时以配音、字幕、演绎等手段作为辅助，可以把用户逗乐，起到娱乐身心的作用。

例如，抖音账号"叫太阳的哈士奇"发布的一条短视频中，主人与宠物互动，宠物表现出可爱的表情与动作，获得了很多用户的喜爱，此条短视频的点赞量超过357万，如图2-4所示。

风景出镜的短视频多为旅游类内容，侧重于展现旅游风景的美妙或壮阔，一般要搭配相应的背景音乐，从而吸引用户关注。

图2-4　抖音账号"叫太阳的哈士奇"的宠物出镜短视频

美食出镜的短视频大多数为制作美食的流程，精致的画面加上节奏感强的音乐，每一步都得以最大程度地还原和呈现美食的制作流程，这样不仅能提升用户制作美食的能力，还满足了用户的观赏需求。

3．动画形式

动画是一种综合艺术，是集合了绘画、电影、数字媒体、摄影、音乐、文学等众多艺术门类于一身的艺术表现形式。动画的类型包括二维漫画、三维动画和定格动画等。抖音平台有很多创作者会采用动画的形式来展现短视频的内容。精致可爱的动画形象容易受到用户的喜爱和关注，从而增加短视频的播放量。

动画形式的短视频降低了动画的制作成本，而且不断更新、碎片化的发布方式让用户可以陪伴动画角色一起成长，增强了用户对动画角色的信赖感。例如，抖音账号"飞狗MOCO"发布的短视频，以动画的形式展现小狗与主人的日常互动，吸引了很多用户的关注与点赞，如图2-5所示。

图2-5　抖音账号"飞狗MOCO"的动画形式短视频

4. 解说形式

解说形式一般为百科知识分享或影视作品的解说，创作此类短视频时，创作者不用自己动手拍摄视频，只要提前找好想要解说的素材，厘清解说思路，再将内容片段与解说完美对应，并添加字幕即可。

目前，抖音平台围绕影视内容的二次创作与推广等方面展开积极探索，逐渐对影视"二创"作品进行规范化管理，鼓励创作者进行影视内容的二次创作。这种"二创"作品适合采用解说的形式进行展现。

创作者采用解说的形式展现短视频内容要注意避免同质化，可以从表达方式、视觉、语言、声音等方面入手，探索出自己的独特风格；同时建立解说者的人设，赋予抖音账号内容之外的温度和情感，使用户在欣赏内容的同时对抖音账号形成差别化记忆。

例如，抖音账号"小侠来了"发布的短视频，以解说的形式展现一些影视片段，吸引了很多用户的关注与点赞，如图2-6所示。

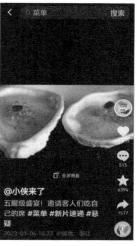

图2-6 抖音账号"小侠来了"的解说形式短视频

5. Vlog形式

Vlog（Video Blog）形式即视频博客形式，又称视频网络日志，由创作者（Vlogger）以影像代替文字或照片创作个人日志，并上传给网友分享。这种形式的短视频重在记录生活，但不能拍成流水账，要有主题，突出重点，并注意拍摄效果。Vlog的拍摄要注重脚本思维，创作者要提前构思好重要的镜头，做好开场和转场，在后期剪辑时要保证叙事流畅。

例如，抖音账号"振宇的生活记"发布的短视频，以Vlog形式记录生活日常、美食制作等，如图2-7所示。

图2-7 抖音账号"振宇的生活记"的Vlog形式短视频

活动4　设置账号信息

注册短视频账号以后，创作者接下来需要设置账号信息。完善账号主页信息主要包括设置账号名称、选择账号头像、添加账号简介。

1. 设置账号名称

优质的账号名称能够使用户快速了解短视频提供的内容，提高短视频传播效率。创作者在设置账号名称时要注意以下几点。

（1）通俗易懂，简单易记

账号名称应遵循通俗易懂，简单、易记的原则，要尽量避免使用生僻的字词。在这个快节奏的时代，越是简单、直接、明了，越容易被用户接受。账号名称最好能让用户一目了然，知道"你是谁""你是做什么的"，如"何大厨""桃子爱唱歌""神州摄影"等。

（2）定位明确，名称具体

定位明确是指账号名称要与所规划的短视频内容密切关联，将账号的内容或形象等信息直接通过账号名称告诉用户，让用户清楚账号的定位及内容方向，如"摄影师——林云""老黄讲英语""阿纯是质量测评家"等。

创作者在设置账号名称时切忌为了追求个性，使其名称与发布的内容没有任何关联，导致用户通过账号名称完全看不明白账号的内容和定位，这将严重影响短视频的"吸粉"引流。

（3）个性突出，构思新颖

在新媒体时代，用户对信息洪流已经产生一定的免疫力，要想强化用户的记忆点，账号名称不仅要简单、直接，还要有独特的创意和吸引力。提升吸引力的最好途径之一就是打造个性化，使自己与众不同，让用户耳目一新，以形成独特的记忆，如"信口开饭""小霸王""爆胎草莓粥"等。

（4）价值体现，满足需求

创作者在设置账号名称时，要让用户从账号名称中了解到短视频内容在传播哪些价值信息，能够满足其哪方面的需求，如带给他们什么知识、教授哪些技能、对其思想观念有什么影响等。文化上的、物质上的，或者是精神上的，都属于价值体现，如"薛海讲PPT""历史五千年""妙招姐"等。

2. 选择账号头像

头像是短视频账号的视觉标识，是用户辨识账号的重要途径之一，也是吸引用户关注短视频账号的因素之一。创作者选择账号头像时要遵循两个原则，一是头像要符合账号本身的特征，二是头像要清晰、美观。

选择账号头像的方法主要有以下几种。

（1）真人头像

真人头像可以让用户在未打开账号之前就能直观地看到人物形象，有利于拉近用户与账号的距离。如果用户看到头像中人物的气质和形象俱佳，或者风格独特，就很容易点击头像并进入账号主页。例如，抖音账号"房琪kiki"的头像就是创作者本人，如图2-8所示。

（2）图文Logo头像

使用图文Logo做头像可以明确地展示出短视频的内容方向，有利于强化品牌形象。例如，抖音账号"李宁运动旗舰店"的头像展示的是李宁的品牌Logo，如图2-9所示。

（3）动画角色头像

使用短视频中的动画角色做头像可以强化短视频内容中的角色形象，有利于打造动画角色IP。例如，抖音账号"唐唐"就是以动画角色小孩儿"唐唐"作为头像，如图2-10所示。

（4）账号名称头像

使用账号名称做头像时，头像的背景应为纯色，从而突出文字，更直观地呈现账号名称，进而强化IP形象。例如，抖音账号"懒饭"的头像只有账号名称"懒饭"二字，背景为黄色，与黑色的文字形成鲜明的对比，十分吸引人，如图2-11所示。

图2-8　真人头像　　图2-9　图文Logo头像　　图2-10　动画角色头像　　图2-11　账号名称头像

3. 添加账号简介

账号简介又称个性签名，即对账号内容做进一步介绍，让用户更加了解账号，明白账号的定位和内容方向。短视频的账号简介是用户决定是否关注此账号的关键因素之一，也可以当成文案。

短视频账号简介一般有以下几种类型。

（1）表明身份

例如，抖音账号"猴哥说车"的账号简介为"猴哥，做你身边的车痴好友"。

（2）表明领域

例如，抖音账号"随手做美食"的账号简介为"专注家常菜，天天都是家里的味道"。

（3）表明理念和态度

例如，抖音账号"到远方旅行"的账号简介为"飞到远方，以另一个角度看世界"。

另外，在账号简介中，很多创作者会留下联系方式，如微信号、微博号、手机号、邮箱等，便于将用户引流到自己的私域流量池，或者开通商业合作的渠道。

短视频的账号简介可以作为其广告宣传栏，让用户更加清楚短视频的内容方向、定位与业务范围。在设置账号简介时，由于每个人的文案撰写能力不同，创作者如果确实想不出理想的宣传语，可以将自己的具体业务范围或商品信息写上去，便于用户了解账号的业务范围和商品信息，然后根据自身需要进行浏览和关注。

 （任务二） 抖音短视频选题策划

在短视频创作中，选题意味着创作的方向，代表着对外传递的观点与立场。从长远来看，创作短视频要提前做好选题策划，这样更容易创作出精品短视频，也更容易吸引精准用户，增强用户的黏性。

活动1 把握短视频选题原则

选题不能脱离用户，只有保证短视频主题鲜明，为用户提供有用、有趣的信息，才能吸引用户关注。创作者无论策划什么选题，都要遵循以下原则，落实到短视频的创作中。

1. 坚持用户导向

目前，短视频行业的竞争越发激烈，用户对短视频的要求也越来越高，所以创作者要注重用户体验，选题要坚持用户导向。策划选题时要以用户需求为目标，优先考虑用户的关注点与喜爱度，这是保证短视频播放量的重要因素。

2. 注重价值输出

选题内容应以价值输出为宗旨，短视频输出的内容对用户应是有益的。也就是说，创作出的短视频要向用户输出有价值的"干货"。注重价值输出的选题内容更容易获得用户的支持与认可，进而引发用户收藏、点赞、评论、转发等行为，提升短视频的传播效果。

3. 确保内容垂直

创作者在确定某一内容领域后不要轻易更换，否则短视频账号会由于内容垂直度不够而导致用户不精准。因此，创作者要坚持在某一个领域长期输出有价值的内容，保证选题内容的垂直度，提高自己在该领域的影响力，这样更容易获得抖音平台的流量扶持。

4. 注意结合热点

短视频选题应多结合行业热点或网络热点。结合热点可以使短视频快速获得大量的流量曝光，有效提升短视频的播放量。创作者要提升对热点的敏感度，善于捕捉并及时跟进热点。但是，并非所有的热点都可以跟进，如时政、娱乐、军事等领域，如果跟进不恰当的热点，就会有违规甚至被封号的风险。

5. 把握选题节奏

要想让短视频账号持续健康发展，还要把握好选题的节奏，因为社会是在不断发展的，用户的需求也会随之改变。短视频的选题必须适应这种变化，紧跟潮流，根据用户的反馈和需求的改变不断地进行调整，才能获得更多用户的支持与关注。

活动2 策划短视频的选题

策划短视频选题的方法一般有以下几种。

1. 关键词选题法

创作者可以围绕确定的内容领域，对关键词进行扩展与细化，形成系列化选题。例如，美妆类账号可以选择"化妆与护肤"领域中的关键词进行扩展与细化，如"如何美白和保湿""怎样画眼影、腮红""敷面膜的正确方法""如何选择口红色号"等。

剧情类账号可以围绕人物背景或事件背景打造系列化选题，如过年回家系列、面试系列、恋爱约会系列、友情系列、同事相处系列等。

围绕领域关键词进行扩展的有效方法是九宫格创意法。九宫格创意法是一种有助于产生发散性思维的思考策略，利用一幅九宫格图，将关键词写在中央，然后把由关键词所引发的各种想法或联想写在其余的8个框内。

例如，在策划装修类短视频选题时，以房屋装修为核心，列出拓展的场景，包括装修公司、装修设计、装修风格、装修攻略、装修预算、装修效果、装修避坑、装修流程等，如图2-12所示，再围绕这8个场景延伸出更细分的场景。

装修公司 装修公司报价表、装修公司排名、装修网等	装修设计 家装设计、装饰设计、设计师、设计图等	装修风格 装修风格的类型、特点、流行趋势等
装修攻略 新房装修攻略、旧房翻新装修攻略、省钱装修攻略等	装修	装修预算 基础装修、豪华装修、装修主材、装修预算计算方法等
装修效果 全屋设计效果图、装修实用效果图、真实装修图、各种不同风格的装修效果图等	装修避坑 装修专业知识、厨房、卫生间、阳台、玄关等避坑指南	装修流程 装修顺序、装修步骤、装修管理流程图、装修注意事项等

图2-12 策划装修类短视频选题

围绕领域关键词进行扩展与细化的选题方法可以帮助创作者系列化地产出内容，拓展内容创意的范围，对用户形成长期的吸引力，大幅度增强用户的黏性。

2. 热点选题法

抖音发布数据显示，2022年抖音平台热点短视频播放量每月高达4000亿次，而每月被创作出来的热点短视频数量突破百万。创作者要有意识地提升自己对网络热点的敏感度，在策划短视频选题时要善于结合热点，围绕热点进行创意选题。

抖音平台的热点有事件热点、音乐热点和形式热点等，创作者跟进热点的方式如下。

（1）事件热点

创作者要创作与事件热点相关联的短视频，只要将短视频内容与事件热点的某个元素相关联即可，并在标题文案中带上事件热点的话题，抖音平台系统识别后可以把创作的短视频与该事件热点相关联，推至该事件热点属性的流量池。

（2）音乐热点

音乐热点不仅仅指音乐，也包括热门的"达人"原声创作。当某首音乐或某个原声成为爆款以后，创作者可以把自己的短视频作品与音乐或原声进行融合，在特定的时间内也会搭上流量"顺风车"。

（3）形式热点

形式热点讲究时效性，能够填补平台内容的空白，在特定时期内形式热点更容易得到流量倾斜，所以更容易上热门。

创作者在结合热点进行选题策划时，要实时关注网络热点排行榜，如抖音热榜、微博热搜榜、百度热搜榜等，也可以关注飞瓜数据、蝉妈妈数据等第三方数据工具中的热点内容，其中的热点是经过数据筛选和处理的，更加全面。创作者可以从各个热点中选取适合自己账号定位的热点，融入自己的创意，策划自己短视频的选题。

3. 收集信息选题法

挖掘新选题的方法有很多，创作者既可以自主挖掘，也可以通过用户的反馈来挖掘，找到新内容的打造方向。收集目标用户的想法可以帮助创作者有效利用群体智慧，增强短视频的互动性，丰富短视频的内容。

创作者可以从自己的短视频账号评论或竞争对手的账号评论中寻找有价值的选题。评论是创作者与用户有效交流的渠道之一，它可以折射出用户的态度，如赞同、反对、质疑或提出新的问题等，这些都可以被挖掘为短视频的选题。

例如，抖音账号"白胖子Jacques"创作短视频初期，发布了杭州西湖边的秋景图文，不少粉丝在评论区询问拍摄细节，如使用哪个摄像头、如何调整参数、如何选择角度等，这些问题反映出用户的需求，这也为创作者提供了选题灵感，当创作者收集用户的反馈信息后，据此创作出更多喜闻乐见的短视频。

4. 互动性选题法

创作者在策划短视频选题时，尽可能选择能够引发用户讨论的话题。有些短视频之所以获得大量评论，是因为用户对短视频的相关内容有话要说，他们看完短视频后感觉不吐不快，于是便说出自己的想法、观点、意见等。因此，那些互动性较强的话题更能激发用户评论的积极性。

例如，亲情、友情、爱情等话题与用户息息相关，用户一般有切身的体会与经验，围绕这些内容策划短视频选题更容易引发用户的广泛关注。例如，抖音账号"朱两只吖"通过记录孩子与父母之间欢乐的相处日常吸引了很多人的互动评论，2023年1月6日发布的一条讲述两个女儿之间日常相处的短视频，评论量和转发量都很高，如图2-13所示。

图2-13 抖音账号"朱两只吖"的短视频

活动3 构思短视频的内容

创作者在构思短视频的内容时，应了解爆款短视频的特点，在分析抖音平台上的爆款短视频后，总结出其打动用户的共性特点，如表2-2所示。

表2-2 爆款短视频打动用户的共性特点

特点	说明
喜	轻松娱乐的内容能唤起用户的快乐，使用户产生愉悦感
美	从感官上给予用户美好的体验，激发用户产生向往之情，如美丽的风景、美好的事物和漂亮的人物形象
情	情是指情怀，那些被赋予情怀、满含正能量的内容，很容易激发用户的情感共鸣
利	利是指利益、好处，能够为用户带来利益、好处的内容，很容易受到用户的喜欢
奇	新奇的事物能激起用户的猎奇心，具有创意、新颖的内容更容易满足用户的需求

创作者可以根据短视频的一般结构来构思短视频内容。短视频常用三段式结构，即开场、主体和结尾，这三部分内容功能不同，又互相连接，互相补充，当完成这三部分的构思之后，一条短视频就诞生了。

1. 开场内容

短视频的开场非常重要，如果在开场的几秒钟不能有效吸引用户，那么这条短视频就很可能会被用户划走。因此，创作者要精心构思短视频的开场内容，让用户在打开短视频的第一眼就被吸引，产生看下去的欲望。

要想吸引用户的眼球，抓住用户的注意力，创作者可以从以下几个方面构思开场内容。

（1）抛出问题

抛出问题是指在短视频的开头抛出大众普遍关注的问题，以引起用户的注意。抛出的问题要有用、有价值，能够触动用户的痛点，这样才能引起用户的好奇和兴趣。这样的开场内容适用于一些知识技能、百科讲解类的短视频。例如，抖音账号"这不科学啊"发布的一条短视频在开场先抛出一个问题"火怎么会是绿色的呢？"，激发用户的好奇心和求知欲，吸引用户继续看下去，如图2-14所示。

（2）制造冲突

创作者在开场设置冲突感较强的画面，让用户在点开短视频的一瞬间就被反差或强烈的视觉刺激吸引，产生继续观看的兴趣。冲突可以是文案冲突、特技效果、罕见的奇观等。例如，抖音账号"波妞波力"的短视频利用精湛的特效在开头就给用户带来视觉刺激，用手指弹一下汤圆瞬间变成小婴儿，这种画面反差能够瞬间激发用户的好奇心和观看兴趣，如图2-15所示。

（3）揭示结局

在短视频的开头先揭示结局，即开场就让用户明确主题，先告诉用户结果，给出结论，再从事件的开头按事件先后发展的顺序进行叙述。这是一种倒叙的写作手法，用户先知道结局，但不知道事情的起因和之前的铺垫，自然会心存疑问，从而带着疑问继续观看，如图2-16所示。

图2-14　抛出问题

图2-15　制造冲突

图2-16　揭示结局

创作者在构思短视频的开头内容时，需遵守吸引力法则，可以从以下几点提升用户的期待感和观看的兴趣。

- 添加文案：预告内容亮点或制造悬念，让用户产生期待。
- 身份代入：让用户看到自己也会遇到同样的问题，吸引他们继续观看。
- 视觉冲击：通过具有视觉冲击力的画面激发用户的观看欲望。
- 人物魅力：彰显主角的人物魅力，如外貌、气质、妆容、谈吐等。
- 直抒主题：直接告知用户短视频的主题或主要内容，抛出利益点。

总之，短视频的开场非常重要，开场内容除了要有实用价值，还要有热度，有创意，新颖独特的内容能给用户与众不同的感觉，会让用户眼前一亮，快速吸引用户的注意力，激发用户观看的欲望。

2. 主体内容

主体内容是短视频的核心，一般是短视频的中间部分，构思此部分内容要考虑亮点、深度，要使人物形象立体，主题鲜明，情节曲折，这样才能吸引用户继续观看。

要想让短视频内容精妙绝伦，创作者可以通过制造高潮、巧设转折、强化形象等方法构思主体内容。

（1）制造高潮

创作者可以通过制造高潮将用户带入短视频的情景中，使用户产生共鸣，从而促使用户跟随内容欢笑、流泪、气愤、惊叹，使用户主动点赞、评论或分享转发。

（2）巧设转折

一般剧情类短视频会在内容中恰当地设置转折点，从而更好地推动剧情发展，吸引用户继续观看。设置转折点有两种方法，一种是揭示真相，另一种是人为地设定戏剧化反转。巧设转折能够使故事情节起伏多变，使内容情节向相反的方向发展，跳出思维定式，给用户造成巨大的心理反差，加深用户对短视频内容的印象。

（3）强化形象

塑造人物形象类的短视频，创作者要注意强化主要角色的个性，同时也要注意次要角色的表现，次要角色主要是配合主要角色，与主要角色形成鲜明的个性冲突，以增强剧情的对比效果和代入感。

创作者在构思短视频的主体内容时，切忌冗长拖沓、平淡无味、逻辑混乱。短视频内容要有节奏感，逻辑清晰，情节起伏，感染力强，才能吸引用户的注意力，促使用户主动分享和转发。

3. 结尾内容

短视频结尾部分的内容也很重要，常见的结尾方式有适当留白、引导互动、引发共鸣。

（1）适当留白

适当留白是指通过设置悬念或采用开放式结尾，给用户留下思考空间，引发用户深思，使用户感觉意犹未尽，意味深长。

（2）引导互动

引导互动是指在短视频结束时引导用户互动，一些爆款短视频常以问句来结尾。例如，创作者在短视频结尾时这样说："你怎么看？""你身边有这样的人吗？""你遇到过类似的情况吗？"

（3）引发共鸣

引发共鸣就是在短视频的结尾进行内容总结，通常以语言、文案、画面等细节升华主题，以引发用户的情感共鸣，促使用户点赞、评论或转发。

 ## 任务三　抖音短视频脚本的撰写

短视频脚本是短视频创作的基础，也是短视频内容呈现的灵魂支撑。短视频脚本的最大作用就是提前统筹安排好短视频创作团队中每个人每一步的工作，保证拍摄思路清晰，提高团队拍摄效率。短视频的脚本与传统影视剧脚本不同，短视频脚本需要在最短的时间内，从听觉、视觉和情绪上带给用户冲击感，吸引用户眼球。

活动1　梳理撰写短视频脚本的思路

短视频脚本的撰写思路因人而异，新手创作者可以分析研究那些爆款优质短视频，包括其中的场景布置、镜头运用、台词动作等，然后多加实践，经过长期积累后，就会形成自己的撰写思路。

梳理撰写短视频脚本的思路时，创作者可以参考以下步骤。

1. 明确拍摄主题

无论哪种类型的短视频都必须有一个主题。因此，创作者在撰写脚本之前应明确主题，确定短视频的核心内容，然后围绕核心内容进行创作。清晰的主题可以为撰写脚本奠定基调，让短视频内容与账号的定位更加契合，有助于形成鲜明的个性，提升短视频的吸引力。

根据拍摄主题，短视频大致可以分为生活记录类、展示分享类和主题创作类。

（1）生活记录类

生活记录类的短视频涵盖面比较广，包括日常、旅行、健身、做美食、做手工等。创作者在创作这类短视频时一般是记录有趣的日常，以此来吸引用户观看。例如，当确定拍摄主题是旅行时，需事先计划好必去的景点，对于特别的场景（标志性建筑物等）需要用特别的镜头来表现，短视频中的人物通常要有标志性的动作，如图2-17所示。

（2）展示分享类

展示分享类的短视频通常是围绕某件事来展开具体的讲解，如开箱测评、美食分享、穿搭分享、知识技能分享等。在拍摄摄影讲解类短视频时，创作者要在脚本中拆解所有的动作，特别是关键性动作，用不同的镜头来穿插表达，这样会让画面更有吸引力。例如，某短视频的主题是"如何拍摄夕阳唯美照"，创作者讲解拍摄技法，向大家展示拍摄的画面，如图2-18所示。

（3）主题创作类

主题创作类短视频包含各种主题类型及自制脱口秀等，创作难度较大，需要写一个类似于剧本一样的脚本，还要准备很多素材去匹配短视频的内容。例如，某短视频以小狗为主题，告诉大家如何养狗，如何与小狗拉近关系等，如图2-19所示。

图2-17　生活记录类短视频　　图2-18　展示分享类短视频　　图2-19　主题创作类短视频

2. 做好写作准备

做好写作准备是指创作者要做好撰写短视频脚本的前期准备，主要包括确定拍摄时间、拍摄地点和拍摄参照等。

（1）确定拍摄时间

提前落实好拍摄方案，与摄影师约定好拍摄时间，有助于创作者掌握拍摄进度，使工作有序进行，从而提高工作效率。

（2）确定拍摄地点

提前确认好拍摄地点有利于内容框架的搭建和内容细节的填充，因为不同的拍摄地点对布光、演员和服装等的要求不同，也会影响最终的作品质量。

（3）确定拍摄参照

一般短视频脚本描述的拍摄效果和成片的效果会存在差异，为了尽可能避免这个差异，可以在撰写短视频脚本前找到同类型的短视频与摄影师进行沟通，说明具体的场景和镜头运用，摄影师才能根据需求进行拍摄。

3. 搭建内容框架

做好准备工作后，接下来开始搭建短视频的内容框架。搭建内容框架是指确定通过什么样的内容细节及表现方式来展现短视频的主题，包括人物、场景、事件及转折点等，并对此做出详细的计划。

在搭建内容框架时，创作者要明确以下内容要素，并将其详细地记录到脚本中，如表2-3所示。

表2-3　搭建内容框架的内容要素

要素	说明
内容	指具体的情节，就是把主题内容通过各种场景进行呈现，而脚本中具体的内容就是将主题内容拆分成单独的情节，并使之能用单个的镜头展现
镜头运用	指镜头的运动方式，包括推、拉、摇、移等镜头
景别设置	选择拍摄时使用的景别，如远景、全景、中景、近景和特写等

要素	说明
时长	指单个镜头的时长，撰写脚本时，需要根据短视频整体的时间、内容主题和主要矛盾冲突等因素来确定每个镜头的时长
人物	在短视频脚本中要明确人物的数量及每个人物的人设、作用等
背景音乐	在短视频中，选择符合画面氛围的背景音乐是渲染主题的有效手段，如拍摄中国风短视频，可以选择慢节奏的古典音乐或民族音乐，在短视频脚本中明确背景音乐，可以让摄影师更加了解短视频的调性，让拍摄工作更加顺利

4. 填充内容细节

因为短视频的时长较短，很多时候其内容质量的好坏体现在一些小细节上，如一句打动人心的台词，某个让人感动的画面或某件唤起用户记忆的道具等。细节最大的作用就是让短视频的内容更有感染力，增强用户的代入感，调动用户的情绪，激发用户的情感共鸣。

短视频脚本中常见的内容细节如表2-4所示。

表2-4　短视频脚本中常见的内容细节

内容细节	说明
机位选择	机位是摄影机相对于被摄主体的空间位置，包括正拍、侧拍、俯拍、仰拍等，选择不同的机位，展现出的效果是截然不同的
台词设计	创作者应根据不同的场景和镜头设置相应的台词，台词是为了镜头表达准备的，可起到画龙点睛、加强人物设定、助推剧情、吸引用户互动等作用。台词应精练、恰到好处，能够充分表达主题
影调运用	影调是指视频画面的明暗层次、虚实对比和色彩的色相明暗等之间的关系，影调的运用应根据短视频的主题、内容类型、事件、人物和风格等来综合确定，影调要与短视频的主题相契合，如冷调配合悲剧，暖调配合喜剧等
道具选择	在短视频中，好的道具不仅能够起到助推剧情的作用，还有助于优化内容的呈现效果，选择合适的道具能够在很大程度上增加短视频的流量、用户的点赞量和评论量等

活动2　撰写不同类型的短视频脚本

根据拍摄内容来划分，短视频脚本可以分为拍摄提纲、文学脚本和分镜头脚本3种类型。

1. 撰写拍摄提纲

拍摄提纲是短视频内容的基本框架，对拍摄内容起到各种提示作用，提示拍摄内容的拍摄要点。当拍摄过程中存在很多不确定因素，或者某些场景难以预测分镜头时，编导就会提前将预期拍摄的要点列出来，方便在拍摄现场灵活处理。拍摄提纲适用于景点讲解类、街头采访类、美食探店类等纪实类短视频的拍摄。

拍摄提纲的限制较小，创作者可以发挥的空间比较大。如果短视频没有太多的不确定因素，一般创作者不会撰写这种脚本。但是，对于新手创作者来说，撰写拍摄提纲就是勾勒出短视频的基本框架，撰写起来比较简单，以此来指导拍摄，方便快捷。

撰写拍摄提纲的步骤如下。

- 明确作品的选题、立意和创作方向，确定创作目标。
- 确定呈现选题的角度和切入点。
- 阐述不同选题的表现技巧和创作手法。
- 阐述作品的构图、光线和节奏。
- 呈现场景的转换、结构、视角和主题。
- 完善细节，补充剪辑、音乐、解说、配音等内容。

2. 撰写文学脚本

文学脚本是以文字形式讲述短视频内容，强调人物造型和动作，注重画面和声音的一种脚本类型。文学脚本主要是创作者列出所有可能的拍摄思路，但不需要像分镜头脚本那样细致，只规定短视频中人物需要做的任务、说的台词、动作姿势、状态、所使用的摄法技巧和短视频时长即可。

文学脚本形式上相对简单，偏向于交代内容，适用于知识输出类短视频、测评类短视频及部分剧情类短视频的创作拍摄。

例如，抖音账号"樊登"的短视频表现形式以口播为主，场景和人物相对单一，所以其脚本就不需要将景别和摄法技巧描述得很细致，只需要明确每一期短视频的主题，标明所用场景之后，写出演员要说的台词即可，一般这类脚本对创作者的文笔和语言逻辑能力的要求比较高。

一个好的文学脚本，尤其是剧情类的文学脚本，要注意时间和空间集中，矛盾冲突要尖锐，人物性格要典型，故事情节要跌宕起伏，结构要紧凑。

创作者在撰写文学脚本时，应遵循以下原则。

- 在故事结构上要根据人物关系的矛盾冲突安排发生、发展、高潮和结尾的进程变化，在高潮部分要安排最吸引人、最重要的内容。
- 每一幕、每一场都要明确，日景、夜景，室内、室外要合理分配。
- 通过短视频中人物的对话、独白等台词，以及人物的表情、动作和有关时间、地点、服装、道具、布景等细节，塑造鲜明的人物性格和形象。

3. 撰写分镜头脚本

创作者在对文学脚本理解和构思的基础上，对未来短视频中准备塑造的声画结合的叙事内容以分镜头的形式分解为一个个的镜头画面，最终形成分镜头脚本。分镜头脚本主要包括对镜头、景别、拍摄内容、台词剧本、镜头时长、背景音乐等的要求，不仅要有完整的故事，还需要把故事内容转变成可以指导拍摄的每一个镜头，让摄影师可以根据脚本准确完成整个短视频内容的拍摄工作。

分镜头脚本对短视频拍摄、短视频后期剪辑有着指导性作用，因此撰写分镜头脚本的要求十分细致，不仅需要充分体现出短视频内容所表达的主题、真实意图，清楚地表明对话、音效和镜头的长短，还要对短视频所有镜头的变化和连接进行设计，而且要简单易懂。

撰写分镜头脚本的主要工作如下。

- 将文学脚本的画面内容加工成一个个具体形象且可供拍摄的镜头画面，并按顺序列出镜头的镜号。
- 多个机位拍摄时，需要为机位进行编号。
- 确定每个镜头的景别，如远景、全景、中景、近景、特写等。

- 把需要拍摄的镜头排列组成镜头组，并说明镜头组接的技巧。
- 用精练、具体的语言描述出要表现的画面内容，必要时可以借助图形、符号来表达。
- 撰写相应镜头组的台词。
- 明确相应镜头组或段落的音乐与音响效果。

新手创作者在初期锻炼撰写分镜头脚本的能力时，可以选取经典的影视片段或优秀的短视频案例反复观摩，然后将其内容以分镜头的方式还原出来。这种训练相当于间接向经验丰富的创作者学习分镜头技巧，揣摩他们对景别、时长、画面内容、摄法、音效等方面的掌控方法。当经过一段时间的学习训练后，创作者可以尝试将已有的剧本、小说中的短小情节以分镜头的方式创作出来。

分镜头脚本创作起来比较耗时费力，对画面要求比较高，故事性很强，剧情类的短视频适合采用这种脚本类型。分镜头脚本通常以表格的形式撰写，如表2-5所示。

表2-5　分镜头脚本

镜号	摄法	景别	时长	画面内容	台词	音乐与音响效果
1	固定镜头	全景	2秒	陈利两眼无神地在路上踱步		（旁白）"一个跟风的人会是什么样子？"
2	摇镜头	远景	2秒	路旁的奶茶店人满为患，排着的长队拐成了"L"形		人声鼎沸
3	固定镜头	特写	2秒	陈利两眼放光	"哇，这家奶茶店这么热闹，看看去。"	
4	固定镜头	近景	2秒	陈利焦躁地站在队伍的末尾，不停地看手机上的时间	"这要等到什么时候啊？"	
5	拉镜头	全景	1秒	从陈利的视角看长长的队伍	（画外音）"唉！"	
6	延时摄影	全景	3秒	队伍的人数慢慢减少，天色渐晚		钟表走动的声音，突出时间的流逝
7	固定镜头	近景	2秒	陈利迈着疲惫的步伐来到奶茶店，用嘶哑的声音要一杯奶茶	"你好，我要一杯最畅销的那款奶茶。"	
8	固定镜头	特写	1秒	陈利的嘴巴咬住吸管，用力一吸		发出"呼噜噜"的声音
9	固定镜头	近景	1秒	陈利不满地把奶茶扔到垃圾桶	"什么玩意儿？"	大笑的罐头笑声
10	固定镜头	全景	2秒	陈利两眼无神地在路上踱步		（旁白）"本以为陈利会吸取昨日的教训，结果……"
11	固定镜头	远景	2秒	一群学生在操场上朝着同一个方向用力奔跑	（学生）"快点儿！快点儿！"	
12	推镜头	近景	2秒	陈利神情兴奋，眼睛望着学生们	"我倒要看看他们去干什么？"	
13	固定镜头	全景	4秒	陈利猛地从路边的围栏跳到操场上，用力跟着学生向前跑	（学生）"叔叔，你跟着我们跑什么啊？"	

续表

镜号	摄法	景别	时长	画面内容	台词	音乐与音响效果
14	固定镜头	近景	2秒	陈利笑着说	"你们的小卖部肯定在做活动吧？"	
15	固定镜头	近景	2秒	学生一边跑一边笑	（学生）"什么啊，我们是去上厕所。"	
16	摇镜头	中景	1秒	很多学生跑进操场边的厕所，外边标着"男""女"两字		大笑的罐头笑声

课后实训：策划抖音短视频内容

1. 实训目标

掌握策划短视频内容的方法步骤。

2. 实训内容

4人一组，以小组为单位，做好抖音账号的定位，确定好选题，并构思短视频的内容。

3. 实训步骤

（1）明确抖音短视频账号的定位

根据团队成员的实际情况，做好账号人设定位，然后分析目标用户群体的特征，做好目标用户定位。

（2）策划抖音短视频选题

做好账号定位，策划短视频选题，如美食、宠物、旅行、美妆、剧情等，根据选题选择短视频的表现形式。

（3）构思短视频的内容架构

要求内容新颖有创意，既能吸引用户的注意力，又能引发用户的情感共鸣，以此来构思大致的内容架构。

（4）撰写短视频的脚本

小组进行分工，根据策划出的选题、内容，撰写短视频的脚本。

（5）实训评价

进行小组自评和互评，写出个人心得及总结性评论，最后由教师进行评价和指导。

课后思考

1. 简述抖音短视频的表现形式。
2. 简述策划抖音短视频选题的方法。
3. 简述短视频脚本的类型。

项目三

抖音短视频的拍摄与剪辑

● 知识目标

1. 了解短视频创作团队的人员配置，明确不同岗位的岗位职责。
2. 掌握短视频的拍摄技能，能够灵活运用光线，恰当选择构图。
3. 掌握短视频拍摄过程中各种运动镜头的合理运用。
4. 掌握不同类型抖音短视频的拍摄方法。
5. 掌握使用剪映App剪辑短视频的方法。

● 素养目标

1. 培养责任意识，敢于担当，在挑战中磨炼自己。
2. 提高审美能力，培养正确的审美趣味。
3. 实践无止境，积极推进实践基础上的理论创新。

　　短视频的拍摄是创作抖音短视频的关键环节，它可以将创作者的创意直接转化为视频画面和镜头语言，使用户通过感官更好地了解并接受。短视频剪辑能将拍摄的视频画面更加完美地呈现在用户眼前，吸引用户的注意力。要想顺利完成短视频拍摄，创作者要熟悉景别和构图方式，了解拍摄角度，掌握布光与运镜技巧等。剪辑的目的是通过对拍摄的视频素材进行分割、删除、组合和拼接等操作，使其成为一个连贯流畅、主题鲜明并有强烈艺术感染力的作品。

任务一 短视频创作团队的组建

创作者要想把抖音账号快速做起来，需要组建一支短视频创作团队。快速、高效地组建团队的关键是找到适合的人，做好团队人员的配置。优秀的抖音短视频作品离不开短视频创作团队每位成员的努力。

活动1 配置短视频创作团队人员

通常一个完整的短视频创作团队需要设置不同的岗位，其组织架构如图3-1所示。

图3-1 短视频创作团队人员组织架构

在抖音账号创建初期，创作者可以根据资源投入和目标要求，以及短视频内容创作的工作量和难度的不同，确定团队人员的规模。

如果创作者属于全面型人才，也可以自编、自导、自演、自拍、自剪，1个人完成短视频的创作。但对于企业账号来说，初级团队一般需要配置3～5人，包括1～2名把控整体内容的运营人员和1～2名视频拍摄剪辑人员，如果对出镜人员的要求较高，还需要配置1名演员；当账号进入正常运营期后，还可以进行人员的扩充，逐步扩大团队规模。创作者可以根据不同的情况组建不同级别的短视频创作团队，如表3-1所示。

表3-1 短视频创作团队的人员配置

1人全能	初级团队配置（3～5人）	专业团队配置（10人）
策划、剧本、拍摄、演员、后期剪辑、上线发布、账号运营等都由创作者1人完成	运营人员（1～2人）	导演
		编剧/策划
		道具人员
		运营人员
	演员（1人）	演员
		化妆师
		配音
	视频制作人员（1～2人）	美工
		摄影师
		剪辑师

无论是企业账号还是自媒体账号，在账号运营初期，可以根据实际情况组建一支规模较小的短视频创作团队。初级团队配置就可以完成不同类型短视频的制作与推广，适用于真人出镜实拍的形式，选择创作的短视频类型包括剧情演绎、知识讲解、技能教学等。这种团队配置的优势在于适合打造IP，更具真实感，适用范围广。

专业团队配置的人力比较充足，人员配置齐全，分工更明确。这样的短视频创作团队发展的空间更大，创造出优质短视频的可能性更多。短视频创作团队可以根据业务需求、团队人员的实际情况等因素从短视频领域的深度和广度上寻求发展。

深度即更垂直化、专业化的内容生产，在内容和表现形式上达到精良、专业的水平，创作出更有创意的短视频；广度即采用多账号矩阵化运营，同一短视频创作团队打造多个不同的IP，可以取得更高的回报。需要注意的是，短视频创作团队做的是创意工作，应当保持精干的规模，切不可变成机构臃肿的庞大组织，这样才有足够的灵活性和高效率来应对瞬息万变的内容营销市场。

做好人员配置后，在短视频创作过程中，团队负责人要进行高效分工，只有职责明确，才能有效提升工作效率。要想实现短视频创作团队的高效分工，可以采取WBS法（Work Breakdown Structure，工作分解结构），其思路为将目标分解成任务，将任务分解成多项具体工作，再将每一项工作分配为每个人员的日常活动，直到无法继续分解为止。因此，此方法的核心逻辑是：目标—任务—工作—活动。

WBS包含3个关键词：工作（Work）、分解（Breakdown）和结构（Structure）。

- 工作（Work）。指可以产生有形结果的工作目标。例如，短视频用户运营可以直接带来用户增长、播放量增加、评论量增加等。
- 分解（Breakdown）。将目标按照"目标—任务—工作—活动"的逻辑层层分解，直到无法细分。如果将拍摄一条短视频作为一个目标，那么其可以分解为策划、拍摄、制作、运营等任务，而策划又可以分为内容定位、竞品分析、搭建选题库、选择主题等多项具体工作，其中搭建选题库又可以细分为建立选题库、研究竞争对手选题库、汇总用户反馈选题库等日常活动。
- 结构（Structure）。指按照"相互独立、完全穷尽"的原则，使短视频创作团队保持一定的结构和逻辑，让每一个团队人员各司其职，保证涉及每一项工作，做到不遗漏、不重复，每项具体工作之间相互独立，且只能有一个负责人，其他人只能是参与者。

活动2　明确创作团队人员的职责

有了清晰的组织架构，配置好人员岗位后，创作者需要赋予每个岗位明确的职责，让每个人都清楚自己的工作内容及责任，使团队人员既能做好自己的本职工作，又能更好地与他人沟通配合，避免人力成本的浪费。

每个岗位的人员职责如下。

1. 编导

编导是短视频创作团队中的最高指挥官，也是短视频创作团队的核心，主要负责把控短视频的整体风格和内容，以及每个短视频的脚本和规划，并协调各个方面的人员，以确保短视频拍摄的顺利进行。短视频创作团队的编导要具备良好的沟通能力、较高的审美能力、较强的判断能力及一定的抗压能力。

编导的具体职责如下。

- 负责短视频的定位和内容策划，使其符合市场需求，确定选题并策划完整的短视频方案。
- 负责撰写短视频脚本，在撰写分镜头脚本时，能够对色彩、构图、镜头语言等做出准确判断。
- 组织协调短视频拍摄，推动短视频拍摄任务顺利实施。
- 参与短视频后期剪辑，负责短视频包装（片头、片尾的设计）等，监督整个短视频的制作过程，并审核短视频的整体质量。

2. 摄影师

摄影师的主要工作是按剧本要求完成短视频的拍摄任务。摄影师的水平在一定程度上决定着短视频内容质量的好坏，因为短视频的表现力及意境很多是通过镜头语言来表现的。一名合格的摄影师能够顺利地实施拍摄，通过镜头完成编导规定的拍摄任务，并给剪辑师留下很好的拍摄素材，节约大量的制作成本。摄影师在前期也要参与短视频创作团队的建设、短视频拍摄风格的设置等工作。

摄影师的工作内容主要是协助分镜头脚本撰写、拍摄前的道具准备、视频拍摄、素材分类整理等。

摄影师需要具备以下专业技能。

- 具备了解镜头和脚本语言的能力。编导撰写完脚本以后会发给摄影师，摄影师要深刻理解脚本的内容，并用镜头传达脚本想要展现给用户的内容。
- 掌握精湛的拍摄技巧，懂得运用各种镜头的技巧，如推拉镜头、旋转镜头、跟镜头、移镜头、甩镜头等拍摄技巧。
- 具备基本的短视频剪辑能力，这样在拍摄时可以更清楚地知道哪些内容需要重点表现，哪些内容是次要的，从而有针对性地进行拍摄。
- 具备敏锐的观察力，捕捉演员或拍摄对象所处的场景，以增强作品的表现力。
- 具备灵活的应变能力，在拍摄过程中能够灵活处理各种紧急情况，针对演员的表演状态找到最佳的拍摄角度和灯光效果，完美地诠释演员的表情和个性。

3. 剪辑师

剪辑师的主要工作是负责短视频的后期制作，根据短视频创意、脚本对拍摄素材进行适当裁剪，同时添加适当的配乐、配音和特效，通过对素材的筛选、整理和剪辑，得到一个完整的短视频作品。

剪辑师除了要具有较高的审美能力外，还需要有耐心和细心。短视频虽然短，但剪辑有时会耗费很长时间。剪辑师还要有较高的文学素养，能够发现和设计短视频中的亮点，选择合适的节点添加音乐和特效，并控制整个作品的节奏，从而将简单录制的短视频转变成强大的故事。

剪辑师的具体工作职责如下。

- 分辨素材的好坏，筛选出能够突出短视频主题的素材，并对素材进行快速整理。
- 能够熟练地剪辑素材，例如，动作连接的画面要流畅完美，切忌出现动作不连贯或重复的现象。
- 能够找准剪切点，在画面的顶点处进行剪切。画面的顶点是指动作、表情的转折点，例如，人物表情由笑转悲时，此时进行剪切能够给用户留下深刻的印象。
- 懂得选择配乐，能够在短视频的高潮阶段或温馨时刻加入符合此时此景的音乐。这样不仅可以增强画面的感染力，还能使画面的衔接显得更加自然。

4. 演员

演员是短视频创作团队中的重要组成部分。演员的演技、外貌、妆容、着装与饰演角色的气质是否相符是创作者重点考虑的因素。

不同题材的短视频对演员的要求也不同：脱口秀类短视频一般要求演员表情比较夸张，演员可以用带有喜剧张力的方式生动地诠释台词；剧情类短视频对演员的肢体语言表现力及演技的要求较高；美食类短视频要求演员能够用自然的演技表现出美食的诱惑力，以达到突出短视频主题的目的；生活技巧类、科技数码类、影视混剪类等短视频对演员没有太多演技上的要求。

演员的具体职责如下。

- 配合编导，按照短视频脚本完成对短视频内容的演绎。
- 根据角色需要，能够尽快投入角色，完美诠释角色性格和形象。
- 协助团队其他人员进行短视频创意、脚本的选题策划及分镜头脚本的撰写等。

5. 运营人员

运营人员在短视频创作团队中起着至关重要的作用，其主要职责是负责短视频账号的日常运营和推广，包括账号信息的维护与更新、短视频的发布、用户互动、数据收集与跟踪、短视频的推广、账号的广告投放等。

运营人员需要具备以下专业技能。

- 案例分析能力。善于学习其他短视频作品的优点，并将其运用到自己的作品中来。
- 数据分析能力。运营人员需要对短视频各项数据有一定的敏感度和理解能力，能够收集短视频后台数据及其他数据，对短视频的播放量、点赞量、评论量、转发量等进行分析总结。
- 学习创新能力。在工作中不断摸索前行，及时学习短视频运营的各种知识，形成自己的运营方式。
- 人际交往能力。运营人员要有高度的热情，擅长与不同类型的用户进行沟通互动，并在互动过程中获取信息。
- 自我调节能力。运营人员通常有较大的工作压力，所以运营人员要有很强的自我调节能力。

运营人员的工作直接关系着短视频能否引起用户注意，能否顺利进入商业变现流程。因此，运营人员要时刻保持对外部环境及用户需求的敏感度，准确把握用户的需求，深入了解用

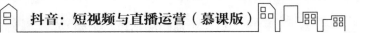
户的喜好、习惯及行为等，以便更好地完成短视频的传播与推广工作。

任务二 短视频拍摄技能

要想拍摄出优质的抖音短视频，创作者需要掌握短视频的拍摄方法与技巧。掌握了抖音短视频的拍摄技能，创作者才能更好地通过镜头表达观点，传达情感，保证短视频的拍摄效果，给用户带来良好的视觉体验。

活动1　认识拍摄景别

景别是指在焦距一定时，摄影机与被摄主体的距离不同，而造成被摄主体在摄影机镜头中所呈现出范围大小的区别。景别一般分为5种，由近至远分别为特写、近景、中景、全景和远景。

1. 特写

特写是指拍摄人的面部、人体的某一局部、一件物品的某一细节的镜头，如图3-2所示。短视频可以通过特写体现被摄主体丰富的细节变化，刻画人物性格和心理活动，展现人物的情绪变化。特写还可以用来引导或转移用户的注意力，强调和突出某一物体的局部特征。当短视频中运用特写进行拍摄时，由于只有局部画面，还可以增加神秘感，引发用户的好奇心。

图3-2　特写

特写是最接近被摄主体的一种景别，环境因素的影响在画面里几乎可以忽略不计，因为这时用户已经被特写画面所吸引，用户不易观察到被摄主体所处的环境。因此，拍摄者可以利用特写来转换场景和时空，以避免不同场景直接连接在一起产生突兀感。

2. 近景

近景是表现人物胸部以上或物体较大局部的画面，常被用来细致地表现人物的容貌、神态、仪表等，如图3-3所示。使用近景可以对人物情绪和内心活动进行充分表达，增强人物与用户之间的交流感和亲近感，拉近彼此之间的距离，更好地向用户传达人物的内心情感，使用户产生身临其境的感受。

近景是将被摄主体推向用户眼前的一种景别。在近景画面中，环境空间被淡化，处于陪体地位。在很多情况下，创作者利用一定的手段将背景虚化，背景环境中的各种造型元素都只有模糊的轮廓，这样有利于更好地突出被摄主体。

3. 中景

中景是指表现人物膝盖以上部分或场景的局部画面。中景的取景范围一般较宽，可以在同一画面中拍摄几个人的活动，所以有利于交代人物之间的关系，如图3-4所示。在短视频拍摄中，中景的使用较多，大都用于需要识别背景或交代动作路线的场景。

图3-3　近景　　　　　　　　　　　　　　图3-4　中景

中景不仅可以加深画面的纵深感，表现出特定的环境与气氛，而且通过镜头的组接，还能把某一冲突的经过叙述得有条不紊，所以常用于叙述剧情。在拍摄中景画面时，创作者要注意拍摄角度、演员调度和姿势等的灵活变化，尤其是拍摄人物的中景时，不要把画面卡在人物的膝盖部位。

4. 全景

全景是指拍摄人物全身形象或场景全貌的画面，体现人和物体形象的完整性，具有描述性、客观性的特点，多用于塑造人物形象和交代环境，展现人物与环境之间的关系，如图3-5所示。全景画面既能完整地表现人物的行为动作，又能表现出画面中人物之间的位置关系，但其缺点是细节展示不够，用户看不清人物的表情。

需要注意的是，创作者使用全景时，画面中人物的头顶以上与脚底以下要适当留白，不能"顶天立地"，否则会有堵塞感。但是，也不要将空间留得过大，否则会造成人物形象不清楚，降低画面的利用率。

5. 远景

远景是景别中最远、表现空间范围最大的一种景别，一般用于短视频在开篇介绍宏大的场景，表现事件发生的地点，营造整个故事的氛围，为剧情发展做铺垫。远景中的人物所占面积很小，甚至成为点状，整体感较强，不突出细节，如图3-6所示。结尾的远景画面可以形成一种远离故事情节的视觉感受，给用户回味和想象的空间。

图3-5　全景　　　　　　　　　　　　　图3-6　远景

活动2　选择拍摄角度

拍摄角度是指创作者运用拍摄设备及取景器进行构图、取景，其包含拍摄距离、拍摄方向和拍摄高度3个维度。

1. 拍摄距离

拍摄距离是决定景别的元素之一，指的是拍摄设备与被摄主体之间的空间距离。在焦距不变的情况下，改变拍摄距离仅影响景别的大小。拍摄距离越远，景别越大；拍摄距离越近，景别越小。

2. 拍摄方向

拍摄方向是指摄影机镜头与被摄主体在水平面上的相对位置，包括正面、侧面和背面3种，如表3-2所示。不同的拍摄方向具有不同的叙事效果，需要创作者根据拍摄任务来合理地进行选择。

表3-2　拍摄方向的类型

拍摄方向	说明
正面拍摄	正面拍摄是指镜头正对着被摄主体进行拍摄，用户看到的是被摄主体的正面形象。拍摄人物时，表现出人物完整的面部特征和表情动作；拍摄景物时，可以表现出景物的横向线条，营造出庄重、稳定、严肃的氛围
侧面拍摄	侧面拍摄根据拍摄角度不同又可分为正侧面、前侧面和后侧面拍摄。正侧面拍摄是指镜头的拍摄方向与被摄主体的正面方向呈90°角，有利于展示人物正侧面的轮廓线条和身体姿态；前侧面拍摄是指镜头的拍摄方向与被摄主体的正面方向约呈45°角；后侧面拍摄是指镜头的拍摄方向与被摄主体的背面方向约呈45°角；从前侧面或后侧面拍摄人物，可以突出表现人物的主要特征，拍摄景物时有利于展现景物的立体感与空间感，使拍摄对象产生明显的形体变化
背面拍摄	背面拍摄是指摄影机镜头在被摄主体的正后方进行拍摄，使用户产生与被摄主体同一视线的主观效果。背面拍摄有时也可用于改变被摄主体、陪体的位置关系，还能增强用户的代入感、参与感与现场感

3. 拍摄高度

拍摄高度是指镜头与被摄主体在垂直面上的相对位置和高度，包括平拍、仰拍、俯拍和顶拍，如表3-3所示。不同的拍摄高度可以产生不同的构图变化。在内容的表现上，只要拍摄高度有改变，就会对人物形象的塑造产生影响。

表3-3 拍摄高度的类型

拍摄方向	说明
平拍	镜头与被摄主体处于同一水平线上，以平视的角度来进行拍摄，所拍画面符合用户通常的观察习惯，具有平稳的效果，是一种纪实角度。平拍不易产生变形，适合拍摄人物近景、特写，但平拍景物时，前后景物容易重叠遮挡，不利于表现空间的纵深感和层次感
仰拍	镜头偏向水平线上方进行拍摄，特点是前景升高，后景降低，有时后景被前景所遮挡，使镜头画面更加简洁。仰视角度越大，被摄主体的变形效果就越夸张，带来的视觉冲击力就越强
俯拍	在被摄主体的侧上方以一个较高的角度从上往下拍摄画面。俯拍时，离镜头近的景物降低，离镜头远的景物升高，展现出开阔的视野，增加了空间的深度
顶拍	镜头从空中向下大俯角拍摄，或者利用无人机航拍地面。顶拍有极强的视觉表现力，能够使用户鸟瞰场景的全貌，享受翱翔在场景之上的视觉快感

活动3 确定构图方式

短视频构图是建立在摄影构图基础上的，短视频拍摄的是动态画面，摄影拍摄的是静态画面，短视频构图在静止拍摄的基础上增加了动态性。短视频构图的主要作用是突出被摄主体，还可以引导用户的视觉焦点，主动表明视频画面中的主次，向用户传达某种情绪。创作者应根据拍摄的目的来选择具体的构图方式。

1. 突出被摄主体的构图

短视频画面的构图要突出被摄主体，这样有助于用户了解短视频主题，给用户留下深刻印象。突出被摄主体的构图方式主要有以下几种。

（1）九宫格构图

九宫格构图是指将整个画面在横、竖方向各用两条直线（也称黄金分割线）等分成9个部分，将被摄主体放置在任意两条直线的交叉点（也称黄金分割点）上，既突显被摄主体的美感，又能让整个短视频画面显得生动形象，如图3-7所示。

（2）中心构图

中心构图是将被摄主体放在画面的正中央，以获得突出主题的效果。中心构图的画面严谨平衡，被摄主体突出、明确，具有仪式感，如图3-8所示。这种构图方式在短视频拍摄中十分常用。

图3-7 九宫格构图

（3）三角形构图

三角形构图就是指利用画面中的若干景物，按照三角形的结构进行构图拍摄，或者是对本身就拥有三角形元素的被摄主体进行构图拍摄。三角形构图可以增添画面的稳定性，增强视觉冲击力，如图3-9所示。

图3-8　中心构图　　　　　　　　　　图3-9　三角形构图

三角形的形态具有可变性，可以是正三角形、倒三角形、斜角三角形等。正三角形构图给人一种坚强、稳定的感觉；倒三角形构图具有明快、动感的特点；斜三角形构图具有安定、均衡、灵活等特点。创作者可以根据拍摄的人物与景物形态和拍摄意图来决定画面的三角形构图形式。

2. 拓展视觉空间的构图

在短视频拍摄中，创作者可以通过使用一些特殊的构图方式延伸用户的视线，拓展视觉空间，这类构图方式包括对称构图、引导线构图、对角线构图和"S"形构图等。

（1）对称构图

对称构图是指被摄主体在画面正中垂线两侧或正中水平线上下，形成左右对称或上下对称的一种构图方式。利用这种构图方式拍摄出的画面具有布局平衡、结构规整、趣味性强等特点，能使人产生稳定、平衡、肃穆、开阔的感觉，如图3-10所示。

（2）引导线构图

引导线构图通过线条状物体的汇聚来连接画面主体和背景元素，将用户的视线引向画面深处，增强画面张力与冲击力，起到引导用户视觉焦点，拓展用户视觉空间的作用，如图3-11所示。

（3）对角线构图

对角线构图是利用画面的对角线进行构图，将被摄主体安排在对角线上，这是一种导向性很强的构图方式，这样的画面能使人产生立体感、延伸感、动态感和活力感，如图3-12所示。此类构图方式能够很好地展示物品，适用于美食类、旅行类等短视频的拍摄。

（4）"S"形构图

"S"形构图是指利用画面中类似"S"形曲线的元素来构建画面的构图方式，如图3-13所示，此画面充满灵动感，营造出一种意境美。同时，"S"形的引导线还能拓展视觉范围。

图3-10 对称构图

图3-11 引导线构图

图3-12 对角线构图

图3-13 "S"形构图

3. 提升视觉冲击力的构图

短视频创作的目的是吸引用户观看，如果能给用户带来视觉上的冲击，让用户感觉到新颖、震撼，就能引起用户的注意，激发用户的观看欲望。提升视觉冲击力的构图方式有框架构图、辐射构图和低角度构图等。

（1）框架构图

框架构图是指在场景中利用环绕的事物强化突出被摄主体，带给用户神秘感和视觉冲击，使用户产生一种窥视感，如图3-14所示。框架构图使画面中景物的层次更丰富，增强画面的空间感，使平淡无奇的普通场景更具有吸引力，同时也能让画面具有立体感和延伸感。

（2）辐射构图

辐射构图是指以被摄主体为核心，景物向四周扩散辐射的构图方式。这种构图方式能带给用户视觉冲击力，将用户的注意力集中到被摄主体上，能使画面产生扩散、延伸的效果，如图3-15所示。

（3）低角度构图

低角度构图是确定被摄主体后，寻找一个足够低的角度进行拍摄的构图方式，能给用户带来很强的视觉冲击力，如图3-16所示。

 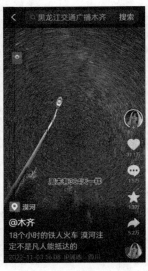 

图3-14　框架构图　　　　　　图3-15　辐射构图　　　　　　图3-16　低角度构图

4. 营造想象空间的构图

营造想象空间的构图可以理解为给画面内容做"减法"，去掉画面中与主题无关的内容，或者虚化一部分内容，能够给用户留下丰富的想象空间。这种构图方式包括简洁构图、前景构图和预留空间构图等。

（1）简洁构图

简洁构图是指拍摄短视频时在画面中留出大量的空白，被摄主体成为用户的视觉焦点，画面主题突出，给用户一种简洁明了、一看便知的感觉。在艺术表现上，简洁构图能给用户留下丰富的想象空间，如图3-17所示。

（2）前景构图

前景构图是指利用恰当的前景元素来构图取景，突出被摄主体，使画面更简洁，具有更强的纵深感和层次感，体现出画面的虚实、远近关系，使短视频更加鲜活饱满，富有浪漫色彩，给用户留下想象的空间，如图3-18所示。

前景构图又可以分为两种，一种是将被摄主体作为前景进行拍摄，另一种是将被摄主体以外的事物作为前景进行拍摄。在拍摄短视频时，可以采用花草、树木、水中的倒影、人物、栏杆及各种装饰道具等作为前景进行拍摄。

（3）预留空间构图

预留空间构图是指在画面的特定位置留出一定的空白，使用户的视线得以延伸，如图3-19所示。特别是当被摄主体处于运动状态时，要在其运动朝向的一端留出较多的空白，或者当人物的视线看向画面一侧时，要在其面部朝向的一侧留出较多的空白。这种构图方式虽然画面简洁，但是留给了用户丰富的想象空间。

图3-17　简洁构图　　　　　图3-18　前景构图　　　　　图3-19　预留空间构图

活动4　掌握光线运用

光线不仅能够照亮环境，还能通过不同的强度、色彩和角度等来呈现场景，影响画面的呈现效果。因此，创作者应掌握光线的相关知识，在拍摄过程中灵活运用光线，使短视频呈现出更好的效果。

光线分为顺光、侧光、逆光、反射光、顶光和底光。

1. 顺光

顺光也称正面光或前光，顺光的光线方向与拍摄方向是一致的。顺光拍摄时，被摄主体正面受到均匀的照明，能够呈现出自身的细节和色彩，使画面更具吸引力，如图3-20所示。但是，顺光拍摄难以表现被摄主体的立体感和质感，容易导致画面平淡、对比度低，缺乏光影变化和影纹层次。

2. 侧光

侧光指光源从被摄主体的左侧或右侧照射，被摄主体受光源照射的一面非常明亮，而另一面则比较阴暗，画面明暗分明，如图3-21所示。侧光适合表现被摄主体的质感、轮廓、形状和纹理，突出其立体感和层次感。侧光是这几种基本光线中最能表现层次、线条的光线，适宜拍摄建筑、雕塑等物体。

3. 逆光

逆光指光线的方向与拍摄方向正好相反，逆光拍摄时由于光源位于被拍摄主体之后，光源会在被摄主体的边缘勾画出一条明亮的轮廓线。使用逆光能够塑造出轮廓清晰、影调丰富、质感突出和生动活泼的画面造型，如图3-22所示。

逆光拍摄能够增强被摄主体的质感，还可以烘托和渲染画面的整体氛围，同时给用户带来很强的视觉冲击力。在进行逆光拍摄时，摄影师要注意背景与陪体及拍摄时间的选择，还要考虑是否需要使用辅助光进行补光等。

4．反射光

反射光是指光源所发出的光线没有直接照射被摄主体，而是先对着具有一定反光特性的物体如水面、镜子或光滑的金属表面等进行照射，再由反光体的反射光对被摄主体进行照射。在拍摄过程中，常用的反光工具是反光板和反光伞。

在拍摄风景类的短视频时，摄影师经常会使用水面作为镜面，拍摄出与被摄主体对称的倒影画面，画面生动有趣，表现力强，如图3-23所示，朝霞倒映在湖面上，形成对称构图，相映成趣，给人以美感。

| 图3-20 顺光画面 | 图3-21 侧光画面 | 图3-22 逆光画面 | 图3-23 反射光画面 |

5．顶光和底光

顶光是指光线从被摄主体的顶部照射下来，底光是指光线从被摄主体的下方向被摄主体照射过来。顶光和底光是两个比较特殊的光线，一般在短视频拍摄中不使用。顶光通常用于反映被摄主体的特殊精神面貌，如人物的憔悴、苍老、悲伤等状态，或者烘托压抑、紧张的气氛。底光适用于表现特定的光源特征和环境特点，通常用于烘托恐怖、神秘、古怪的气氛。

活动5　设计运动镜头

运动镜头即运镜，是指通过机位、焦距和光轴的运动，在不中断拍摄的情况下形成视角、场景空间、画面构图、表现对象的变化。运镜可以增强画面动感，扩大镜头视野，影响短视频的速度和节奏。

在短视频拍摄中，运动镜头是主要的表现形式。常用的运动镜头主要有以下几种。

1．推镜头

推镜头是指摄影机向被摄主体的方向推进，或者变动镜头焦距，使画面框架由远及近向被摄主体不断推近的镜头，如图3-24所示。随着摄影机的前推，画面经历了远景、全景、中景、近景、特写的完整或不完整的过程。它符合用户在实际生活中由远及近、从整体到局部、由全貌到细节观察事物的过程，所以镜头的说服力很强。推镜头的主要作用是突出被摄主体，使用户的视觉注意力相对集中，视觉感更强。

2. 拉镜头

拉镜头是指摄影机逐渐远离被摄主体，或者变动镜头焦距，使画面框架由近及远与被摄主体拉开距离的镜头，如图3-25所示。拉镜头能够展现被摄主体与周围环境之间的关系，由于镜头拉远，表现出空间的扩展，反衬出被摄主体的远离和缩小，在视觉上给用户一种退出感和谢幕感，常用于结束性或者是结论性的镜头。

图3-24 推镜头　　　　　　　　　　　图3-25 拉镜头

3. 摇镜头

摇镜头是指摄影机本身所处位置不移动，借助摄影机的活动底盘，镜头上、下、左、右旋转拍摄。摇镜头分为左右摇镜头和上下摇镜头，左右摇镜头常用来表现大场面（见图3-26），上下摇镜头常用来展现被摄主体的高大、雄伟（见图3-27）。摇镜头通过将画面向四周扩展，突破了画面框架的空间局限，扩大了用户的视野，能够将用户迅速带入特定的氛围中。

图3-26 左右摇镜头　　　　　　　　　图3-27 上下摇镜头

甩镜头属于摇镜头的范畴，指摄影机只通过上下或左右的快速移动或旋转来实现从一个被摄主体转向另一个被摄主体的切换，多用于表现画面的急剧变化。例如，表现人物视线的快速移动或某种特殊视觉效果，使画面具有突然性和爆发力，如图3-28所示。

图3-28　甩镜头

4. 移镜头

移镜头是指摄影机沿水平面进行各个方向的移动拍摄。图3-29所示为向前移镜头，类似于生活中人们边走边看的状态，因此被摄主体的背景总是在变化。移镜头具有完整、流畅、富于变化的特点，能够开拓画面的空间，适合表现大场面、大纵深、多景物、多层次的复杂场景，展现各种运动条件下被摄主体的视觉艺术效果，使用户产生身临其境之感。

跟镜头属于移镜头的范畴，它与移镜头的不同之处在于摄影机镜头始终跟随被摄主体，方向不定，而移镜头一般保持水平方向的运动。跟镜头既能突出运动中的被摄主体，又能表现被摄主体的运动方向、速度、体态及与环境之间的关系，使被摄主体的运动保持连贯，有利于展示被摄主体在动态中的形象，如图3-30所示。

图3-29　向前移镜头　　　　　　　　　　图3-30　跟镜头

5. 升降镜头

升降镜头是摄影机借助升降装置一边升降一边拍摄的方式，升降运动带来了画面范围的扩展和收缩，形成了多角度、多方位的构图效果。升降镜头适用于表现高大的物体，或者展示事件、场面的规模、气势和氛围，也可以表现画面中人物感情状态的变化等。

升镜头是指镜头向上移动形成俯角拍摄，以显示广阔的空间，如图3-31所示。降镜头是指镜头向下移动进行拍摄，可用于拍摄大场面，以营造气势，如图3-32所示。

图3-31　升镜头　　　　　　　　　　　　　　图3-32　降镜头

6. 环绕镜头

环绕镜头是指镜头围绕被摄主体进行拍摄（见图3-33），操作难度相对较大，在拍摄时速度要保持一致。环绕镜头可以拍摄出被摄主体周围360°的环境和空间特点，也可以配合其他运镜方式来增强画面的视觉冲击力。

图3-33　环绕镜头

7. 综合运动镜头

综合运动镜头是指在一个镜头中把推、拉、摇、移、升降、环绕等各种镜头运动方式有机结合起来的一种拍摄方法。在短视频拍摄中，通常一个镜头只进行一种方式的运动，但为了提高镜头之间的连贯程度并丰富转场流程，可以在镜头起幅和落幅时增加其他的运动方式，这样可以在后期剪辑时有更多镜头连接的可能性。

综合运动镜头有很强的表现力，它有利于记录和表现同一场景下的不同景别，完整地叙述故事情节，还有利于通过画面结构表达出运动性的综合效果，综合运动镜头的连续动态有利于再现现实生活的流程，可以与音乐的旋律变化互相配合，形成画面与音乐融为一体的节奏感，形成和谐的短视频节奏。综合运动镜头有很多不同的结合方式，如"摇+移""摇+移+推"等，创作者应根据不同的需要进行有机结合。

任务三　拍摄抖音短视频

抖音是一款可以拍摄音乐创意短视频并带有社交分享平台的App，拍摄抖音短视频非常简单，通过一部手机和一些创意，就可以进行抖音短视频作品的拍摄与创作。本任务将详细介绍使用抖音App进行短视频拍摄的方法，以及拍摄不同类型抖音短视频的方法与技巧。

活动1　认识抖音App基本操作

下面介绍使用抖音App拍摄短视频的基本操作，如拍摄设置、分段拍摄并发布作品、倒计时拍摄、快/慢速拍摄、合拍、收藏音乐和特效等。

1．拍摄设置

使用抖音App拍摄短视频前，创作者可以根据需要进行一些常规设置，如调整画面对焦与亮度、打开构图网格线、美化设置，使用特效等，具体操作方法如下。

步骤01 打开抖音App，点击下方的■按钮，如图3-34所示。

步骤02 进入抖音拍摄界面，在界面上点击即可自动对焦和曝光，如图3-35所示。

步骤03 向上拖动对焦框右侧的图标❄️提高亮度，如图3-36所示。

图3-34　点击■按钮

图3-35　自动对焦和曝光

图3-36　提高亮度

步骤04 在界面右侧为各项拍摄功能按钮，点击右侧的"设置"按钮◎，在弹出的界面中打开"网格"功能显示网格线，以便于画面构图，如图3-37所示。

步骤05 在拍摄界面上连续点击两次即可切换摄像头，在此切换为前置摄像头，然后点击"美颜"按钮，在弹出的界面中可以进行"磨皮""瘦脸""大眼""清晰""美白"等调整，如图3-38所示。

步骤06 要拍摄有趣的特效短视频，可以点击界面左下方的特效按钮，在弹出的界面中选择特效类别，然后选择需要的特效道具，对喜欢的特效可以点击"收藏"按钮收藏特效，如图3-39所示。拍摄设置完成后，点击"拍摄"按钮或者长按"拍摄"按钮，开始拍摄短视频。

图3-37 显示网格线

图3-38 切换摄像头并进行"美颜"调整

图3-39 使用特效

2. 分段拍摄并发布作品

使用抖音App除了可以拍摄一段连续的短视频外，也可以分段拍摄，在拍摄中暂停、转换镜头或切换场景后再继续拍摄，拍摄完成后可以对各段短视频进行剪辑并发布，具体操作方法如下。

视频

分段拍摄并发布作品

步骤 01 在拍摄界面下方选择"分段拍"按钮，然后选择拍摄时间，在此选择60秒，然后点击"拍摄"按钮，开始第1段短视频的拍摄，如图3-40所示。第1段短视频拍摄完成后，点击"暂停"按钮。

步骤 02 转换到下一个拍摄场景，点击按钮，开始第2段短视频的拍摄，如图3-41所示。

步骤 03 采用同样的方法，继续进行其他短视频片段的拍摄，点击"删除"按钮可以删除最近一段短视频，完成拍摄后点击按钮，如图3-42所示。

图3-40 点击"拍摄"按钮

图3-41 拍摄第2段短视频

图3-42 点击按钮

步骤 04 完成拍摄后，在弹出的界面中可以添加音乐、修剪视频素材，添加文字和贴纸，添加视频效果等，如图3-43所示。

步骤 05 点击"选择音乐"按钮🎵，在弹出的界面中可以使用抖音推荐的音乐、自己收藏的音乐或最近使用过的音乐，点击"搜索"按钮🔍可以搜索音乐或从音乐库中选择音乐，如图3-44所示。

步骤 06 点击"剪辑"按钮▣，进入视频剪辑界面，从中可以对各段短视频进行删除、修剪、调速、添加转场效果等操作，剪辑完成后点击"保存"按钮，如图3-45所示。

图3-43 完成拍摄后弹出的界面

图3-44 添加音乐

图3-45 剪辑短视频

步骤 07 视频剪辑完成后，点击"下一步"按钮，进入视频发布界面，输入短视频文案并添加话题，如图3-46所示。

步骤 08 点击"选封面"按钮，在弹出的界面中拖动选框选择封面，点击"保存"按钮，如图3-47所示。

步骤 09 点击"发布"按钮，即可发布短视频，等待上传完成后即可看到自己创作的短视频作品，如图3-48所示。

3. 倒计时拍摄

使用"倒计时"功能可以实现定时拍摄，以便于用户远距离自拍或者进行音乐卡点拍摄。在拍摄界面中点击"倒计时"按钮⏱，在弹出的界面中拖动时间线选择暂停位置，然后选择倒计时时长，其包括3秒和10秒两种，如图3-49所示。点击"开始拍摄"按钮，开始倒计时拍摄。当拍摄时长达到设置的时长后会自动暂停拍摄，如图3-50所示。若要继续倒计时拍摄，可以再次点击"倒计时"按钮⏱，然后设置第2段短视频的暂停位置。

视频
倒计时拍摄

4. 快/慢速拍摄

使用"快/慢速"功能拍摄抖音短视频，可以帮助创作者把握短视频拍摄的节奏，调整音乐与画面之间的匹配度，以便根据音乐节奏进行创意拍摄和剪辑。

视频
快/慢速拍摄

在拍摄界面中点击"快/慢速"按钮，启用"快/慢速"功能，如图3-51所示。如果选择"快"或"极快"，在拍摄过程中背景音乐就会放慢，最终呈现出的视频效果就会加快。相反，如果选择"慢"或"极慢"，在拍摄过程中背景音乐就会加快，最终呈现出的视频效果就会变慢。

图3-46　输入短视频文案并添加话题

图3-47　选择封面

图3-48　发布完成

图3-49　选择暂停位置和倒计时时长

图3-50　完成倒计时拍摄

图3-51　选择"快/慢速"拍摄

5. 合拍

利用"合拍"功能可以与他人发布的短视频进行合拍，在一个界面中同时显示他人和自己的作品，通过与热门短视频进行合拍有助于提高短视频的曝光度。合拍的具体操作方法如下。

步骤 01 找到要合拍的短视频，点击右下方的"分享"按钮，在弹出的界面中点击"合拍"按钮，如图3-52所示。

视频

合拍

步骤 02 进入合拍界面，可以点击◎按钮直接开始拍摄，也可点击"相册"按钮选择手机相册中保存的短视频进行合拍，如图3-53所示。

步骤 03 点击合拍界面右侧的"布局"按钮▥，在弹出的界面中可以选择需要的布局方式，如图3-54所示。

图3-52　点击"合拍"按钮　　图3-53　合拍界面　　图3-54　选择布局方式

6. 收藏音乐和特效

　　音乐对于短视频创作来说非常重要，合适的音乐可以营造短视频的氛围，更具代入感。使用抖音特效可以创作出有趣、颇具创意的短视频，使用热门音乐和特效可以增加短视频成为爆款的概率。创作者平时浏览抖音短视频时，如果遇到自己喜欢的音乐或特效，可以及时将其收藏起来，逐渐积累属于自己的音乐库和特效库。收藏音乐和特效的具体操作方法如下。

视频

收藏音乐和特效

步骤 01 在抖音上浏览短视频时，当遇到自己喜欢的短视频配乐时，可以点击界面右下方的音乐碟片图标▣，如图3-55所示。

步骤 02 在打开的界面中可以查看使用了该音乐的热门短视频，点击"收藏音乐"按钮，即可收藏该音乐，如图3-56所示。

步骤 03 在抖音App搜索框中搜索"音乐"，在搜索结果列表中找到抖音音乐榜，点击"查看全部音乐"选项，如图3-57所示。

步骤 04 打开"抖音音乐榜"界面，从中可以分别查看"热歌榜""飙升榜""原创榜"3个榜单排名前50的热门音乐，点击☆按钮即可收藏音乐，如图3-58所示。

步骤 05 在浏览抖音短视频时，遇到带有特效的短视频，其标题上方会显示特效按钮，点击该按钮，如图3-59所示。

步骤 06 在弹出的界面中可以看到用了同款特效的短视频，点击"收藏"按钮收藏该特效，如图3-60所示。进入抖音个人主页，选择"收藏"选项卡，可以看到收藏的所有音乐和特效。

图3-55 点击"碟片"图标

图3-56 收藏音乐

图3-57 点击"查看全部音乐"

图3-58 收藏音乐

图3-59 点击特效按钮

图3-60 收藏特效

活动2 拍摄不同类型的抖音短视频

抖音短视频的拍摄方法虽然很简单，但要想拍出高点赞量的优质作品，还需要创作者掌握一定的拍摄方法与技巧。下面介绍不同类型的抖音短视频的拍摄方法和技巧，主要包括Vlog短视频、美食短视频、旅行短视频及带货商品短视频。

1. Vlog短视频的拍摄方法和技巧

拍摄Vlog短视频主要有以下拍摄方法和技巧。

（1）在拍摄Vlog前应先确认拍摄的主题是什么，并用一句话将这个主题概况出来，然后围绕该主题撰写一个简单的脚本，并明确以下事项。

- 要讲好这个主题需要拍摄哪些素材。
- 拍摄场景与拍摄时间。
- 采用何种拍摄方式，是自拍，还是他拍。

- 每一个画面要采用什么镜头（如长镜头、分镜头、延时摄影等）。
- 画面与画面之间如何衔接。

（2）Vlog短视频中一般包括自拍、主观视角拍摄、客观视角拍摄和空镜头4种拍摄视角。自拍即面对镜头讲一些事情（见图3-61），在进行自拍时可以使用广角镜头拍摄，以展现更多背景信息；主观视角拍摄就是拍自己所看到的事情（见图3-62），在拍摄过程中可以根据拍摄对象的运动状态来决定是否移动镜头，采用动静结合的方式进行拍摄，即"动态画面静着拍，静态画面动着拍"；客观视角拍摄就是第三视角拍摄，拍大家所看到的你在做什么，在拍摄时借助脚架将手机固定在某个位置，并确定好画面构图，自己从镜头外走入画面，如图3-63所示；在Vlog中还应添加一些空镜头来丰富画面内容，主要用来展现环境、转场、调节画面节奏等。

图3-61　自拍　　　　图3-62　主观视角拍摄　　　　图3-63　客观视角拍摄

（3）在拍摄过程中，创作者可以利用推、拉、摇、移等运镜方法拍摄被摄主体周围的环境、细节或状态，并设计好镜头组接的转场方式，可以利用相似运镜动作、遮挡镜头、相似关联物或特写镜头等方法来实现转场。

2. 美食短视频的拍摄方法和技巧

拍摄美食短视频主要有以下拍摄方法和技巧。

（1）在拍摄美食短视频前，创作者要写一个基本的拍摄脚本，明确拍摄内容和拍摄镜头，这样有利于提高拍摄效率。

（2）创作者可以通过丰富的运镜手法让食物"动"起来，从而让画面产生强烈的视觉效果。

（3）打开九宫格辅助线，让食物处于画面中心，或者让食物的主体处于九宫格4个分割点附近是常见的构图方式，如图3-64所示。

（4）在光线不足时使用灯光设备进行布光（见图3-65），刷油或淋上汤汁可以使食物更有质感，刺激用户的食欲。此外，鲜艳的配料点缀也能够提升画面色彩的丰富度。

（5）用不同的景别拍摄不同的内容，丰富短视频画面。例如，在拍摄美食探店短视频时，用全景拍摄环境，用中景拍摄单人，用近景拍摄品尝食物的画面，用特写拍摄食物的细节。

（6）在拍摄美食制作过程时，使用专门的录音设备录制同期声，如切菜声、煎炸食物时发出的滋滋声等，让食物加工场景显得更加真实，更有生活气息。

图3-64　常见的构图方式

图3-65　布光

3. 旅行短视频的拍摄方法和技巧

拍摄旅行短视频主要有以下拍摄方法和技巧。

（1）明确旅拍短视频的类型，如创作型旅拍、纯风光型旅拍或MV型旅拍等，找到一条清晰的主线，不要让拍摄的素材变成流水账。在拍摄前可以查看景点攻略，预先构思好一些拍摄场景和想要展示的人设，抓住每个镜头想要表达的元素是什么。这样即使是景色平淡，也能增加短视频的节奏感和生动感。

（2）找到短视频的亮点并且放大这个亮点，创作出与众不同的作品。例如，将统一的人物动作拼接为一个短视频，收集各种景点美食并剪辑在一起等。

（3）拍摄特定的旅行细节镜头，如起床拉窗帘、展示机票/车票、在旅途中的镜头，这些细节镜头能够增加短视频的真实感与逻辑性。

（4）在拍摄运镜上，采用小幅度的运镜，以保证镜头运动足够流畅。拍摄单个被摄主体时，可以通过多角度、多景别的画面展示，让画面更加丰富，如图3-66所示。在拍摄人物动作时，可以采用特写的方式突出人物动作。在构图方式上，多利用前景进行构图。其他常用的拍摄手法还包括慢动作、延时摄影、移动延时摄影等。

图3-66　多角度、多景别拍摄

4. 带货商品短视频的拍摄方法和技巧

带货商品短视频的类型主要有两类，分别是无语音的商品展示和带语音解说的商品展示。其中，无语音商品展示类短视频点击率较高，时长较短，一般为30秒左右；带语音解说商品展示类短视频时长较长，主播会详细讲解商品的外观设计及商品的主要功能及特色。

拍摄带货商品短视频主要有以下拍摄方法和技巧。

（1）"三段式"视频结构

对于无语音商品短视频来说，"三段式"的脚本逻辑即"商品外形展示开头+商品功能/亮点高潮+商品外形展示结尾"。短视频没有语音，只有字幕和背景音乐，商品外形、细节展示、功能、亮点展示点到即止，后期字幕及时跟上，并将时长控制在较短的时间内，又恰到好处地展现商品功能和亮点。一般会将短视频的高潮部分或亮点提前到短视频的前3秒，让用户产生继续看下去的欲望，从而提高完播率。

（2）拍摄画面要契合文案内容

在拍摄短视频前，创作者要先分析短视频文案内容，清楚自己表达的内容，想呈现什么样的画面，以及怎样实现这样的画面，然后根据文案撰写出简单的拍摄脚本，分析画面实现成本及可行性后，再根据实际情况适当地修改脚本，让画面契合文案内容即可，不用过分注重画面多么高级、美观。

（3）注重商品功能/效果展示

对于短视频中的特写镜头，创作者不要只追求画面的美观性，而应主打商品内容，以商品功能或效果展示为主，这才是消费者比较关注的部分。

（4）借助提词器进行语音讲解

对于带语音讲解的商品短视频来说，因为要说大量的解说词，为了避免忘词或由于忘词导致眼神乱晃，创作者可以在镜头位置摆放提词器，这样不仅可以让主播专注地看镜头，也能让解说更加流利，如图3-67所示。

（5）画面丰富，构图简洁

在拍摄时多使用运动镜头进行拍摄，固定镜头可以采用多机位、多角度来进行拍摄，以保持镜头的多样性。在拍摄时要保持画面构图简洁明了（见图3-68），着重短视频内容的表达，声画要同步。

图3-67　使用提词器

图3-68　画面构图简洁明了

(任务四) 使用剪映App剪辑短视频

剪映App是由抖音官方推出的一款视频剪辑工具，它操作简单且功能强大，非常适用于新手创作者。本任务将使用剪映App对一款金汤酸菜鱼商品的美食带货短视频进行剪辑。

活动1 导入与粗剪视频素材

下面将拍摄的视频素材导入剪映中，并对短视频素材进行修剪，设置画面比例，调整画面构图等，具体操作方法如下。

视频

导入与粗剪
视频素材

步骤01 打开剪映App，在下方点击"剪辑"按钮✄，然后点击"开始创作"按钮＋，如图3-69所示。

步骤02 打开"添加素材"界面，依次点击视频素材右上方的选择按钮◉，选中要添加的视频素材，在下方长按并左右拖动视频缩览图调整视频素材的先后顺序，如图3-70所示。

步骤03 此时即可将视频素材添加到主轨道中，继续添加视频素材，将时间指针定位到要添加视频素材的位置，点击主轨道右侧的"添加素材"按钮＋，如图3-71所示。

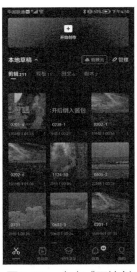

图3-69 点击"开始创作"按钮

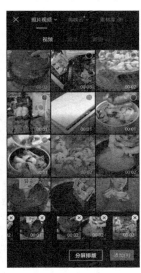

图3-70 选择并调序

图3-71 点击"添加素材"按钮

步骤04 打开"添加素材"界面，依次选中多段视频素材，在视频缩览图中点击时长较长的视频素材，如图3-72所示。

步骤05 进入视频预览界面，点击左下方的"裁剪"按钮✄，如图3-73所示。

步骤06 进入"裁剪"界面，拖动左右两侧的滑杆裁剪视频素材，然后点击✔按钮，如图3-74所示。

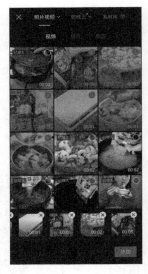
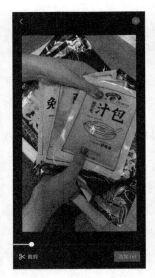

图3-72　点击视频素材　　图3-73　点击"裁剪"按钮　　图3-74　裁剪素材

步骤 07 返回"添加素材"界面，经过裁剪的视频素材缩览图左下方出现裁剪图标▣，点击"添加"按钮，如图3-75所示。

步骤 08 使用两根手指向外拉伸时间标尺，放大时间线，拖动时间线，将时间指针定位到要修剪视频素材的位置，如图3-76所示。

步骤 09 选中视频素材，拖动视频素材左端的修剪滑块到时间指针位置，当修剪滑块靠近时间指针边缘时会自动吸附，即可完成修剪操作，如图3-77所示。若修剪视频素材时删除了要保留的部分，可以向外拖动修剪滑块将其恢复。

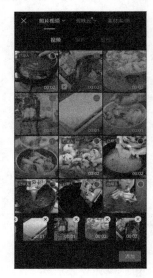
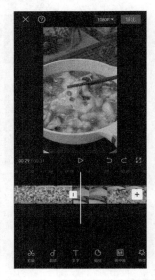
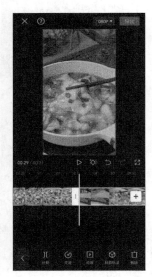

图3-75　点击"添加"按钮　　图3-76　定位时间指针位置　　图3-77　修剪素材

步骤 10 将时间指针定位到要分割视频素材的位置，然后点击视频素材将其选中，点击"分割"按钮Ⅱ，如图3-78所示。分割后选中右侧的视频素材，点击"删除"按钮🗑将其删除。

步骤 ⑪ 采用同样的方法修剪其他视频素材，然后点击"播放"按钮▷播放视频，预览整体效果。要调整视频素材的播放顺序，可以长按视频素材并左右拖动，即可进行调整，如图3-79所示。

步骤 ⑫ 在主轨道空白位置点击，取消选择任何视频素材，返回一级工具栏，点击"比例"按钮▧，如图3-80所示。

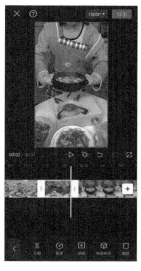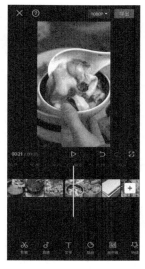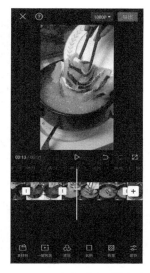

图3-78 点击"分割"按钮　　图3-79 调整顺序　　图3-80 点击"比例"按钮

步骤 ⑬ 在打开的界面中选择抖音平台推荐的9∶16比例，如图3-81所示。

步骤 ⑭ 将时间指针定位到要调整画面构图的位置，如图3-82所示。

步骤 ⑮ 选中视频素材，在预览区域使用两根手指向外拉伸放大画面，然后调整画面的位置，使画面主体的大小和位置与前一个视频素材相似，如图3-83所示。

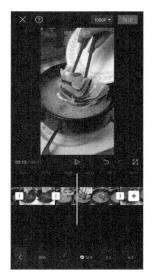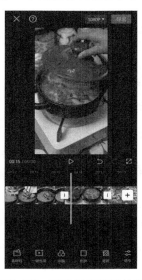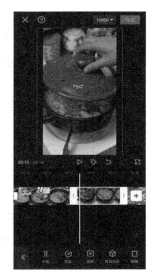

图3-81 选择视频比例　　图3-82 定位时间指针位置　　图3-83 调整画面构图

活动2　添加音频并精剪视频

音频是短视频的重要组成部分，可以是视频原声，也可以是后期添加的背景音乐、音效或旁白。下面将介绍如何为短视频添加音频素材，并根据音频素材精剪视频。

1．添加与编辑配音

下面使用"文本朗读"功能为短视频制作配音，并根据配音修剪视频素材的长度，为视频素材添加转场效果，具体操作方法如下。

步骤 01 在一级工具栏中点击"文字"按钮 **T**，然后点击"新建文本"按钮 **A+**，如图3-84所示。

步骤 02 在弹出的界面中输入要生成配音的文本，点击 ✓ 按钮，如图3-85所示。

步骤 03 选中文本，点击"文本朗读"按钮 **Aa**，如图3-86所示。

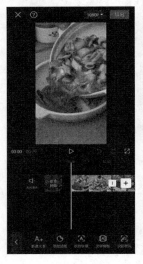

图3-84　点击"新建文本"按钮　　　图3-85　输入文本　　　图3-86　点击"文本朗读"按钮

步骤 04 在弹出的界面中选择所需的音色，在此选择"女声音色"分类下的"甜美解说"音色进行试听，然后点击 ✓ 按钮，如图3-87所示。在试听中如果剪映将多音字识别为错误的读音，可以修改多音字为同音字来纠正读音。

步骤 05 选中文本，点击"删除"按钮 **🗑** 删除文本，保留配音，如图3-88所示。

步骤 06 选中生成的配音，点击"音量"按钮 **◁**，如图3-89所示。

步骤 07 在弹出的界面中向右拖动滑块增大音量，然后点击 ✓ 按钮，如图3-90所示。

步骤 08 选中第一个视频素材，点击"变速"按钮 **⊙**，然后点击"常规变速"按钮 **↗**，如图3-91所示。

步骤 09 弹出速度调整工具，向右拖动滑块调整速度为1.4x，点击"播放"按钮 **▷** 预览调速效果，然后点击 ✓ 按钮，如图3-92所示。

步骤 10 根据配音对视频素材进行修剪或调速，使视频画面与配音相匹配，如图3-93所示。

步骤 ⑪ 对配音中间隔时长较短的音频素材进行分割，并调整音频素材的位置，如图3-94所示。

步骤 ⑫ 点击第7个和第8个视频素材之间的"转场"按钮 Ⅰ，在弹出的界面中选择"热门"分类中的"叠化"转场，拖动滑块调整转场时长为0.9秒，然后点击 ✓ 按钮，如图3-95所示。

步骤 ⑬ 添加转场效果后，在转场位置可以看到一条斜线，表示两个视频素材转场画面之间产生重叠，这会导致视频时长变短，画面位置与音频位置错位，需要重新调整转场前后视频素材的时长，如图3-96所示。

步骤 ⑭ 不是所有的转场都会造成视频素材重叠，例如，在视频素材之间添加"运镜"分类中的"推近"转场效果，可以看到转场位置为一条直线，表示视频素材之间没有重叠，如图3-97所示。

图3-87　选择音色

图3-88　删除文本并保留配音

图3-89　点击"音量"按钮

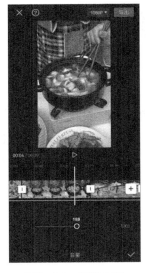
图3-90　调整音量

图3-91　点击"常规变速"按钮

图3-92　调整速度

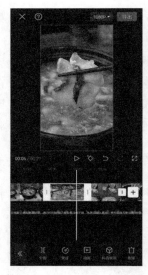
图3-93　视频画面与配音相匹配

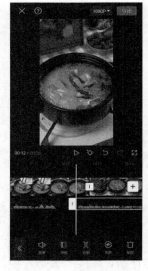
图3-94　分割与调整配音

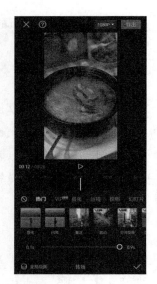
图3-95　添加"叠化"转场

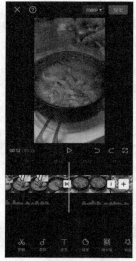
图3-96　转场位置出现
画面重叠

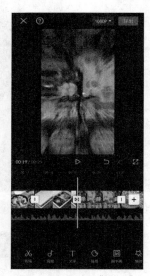
图3-97　添加"推近"
转场效果

2. 添加背景音乐与音效

下面为短视频添加所需的背景音乐，并为指定的镜头添加音效，具体操作方法如下。

视频

添加背景音乐
与音效

步骤01 将时间指针定位到主轨道最左侧，点击"关闭原声"按钮◁，关闭主轨道所有视频素材的声音。在一级工具栏中点击"音频"按钮♫，然后点击"音乐"按钮♫，如图3-98所示。

步骤02 进入添加音乐界面，从中可以选择不同的音乐类型、使用推荐音乐、收藏音乐，以及搜索需要的音乐，如图3-99所示。

步骤03 在"推荐音乐"列表中找到要使用的音乐后点击"收藏"按钮☆收藏音乐，点击音乐名称右侧的"使用"按钮，如图3-100所示。

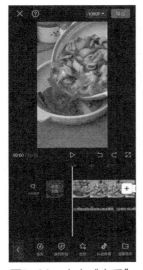
图3-98 点击"音乐"
按钮

图3-99 "添加音乐"
界面

图3-100 点击"使
用"按钮

步骤 04 在短视频的尾部对背景音乐进行修剪，然后点击"音量"按钮🔊，如图3-101所示。

步骤 05 在弹出的界面中向左拖动滑块减小背景音乐音量，然后点击✓按钮，如图3-102所示。

步骤 06 点击"淡化"按钮▥，在弹出的界面中拖动滑块设置淡出时长，然后点击✓按钮，如图3-103所示。

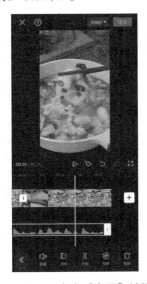
图3-101 点击"音量"按钮

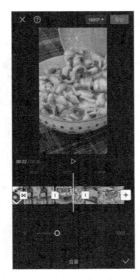
图3-102 减小音量

图3-103 设置淡出时长

步骤 07 将时间指针定位到要添加音效的位置，在音频工具栏中点击"音效"按钮🔊，如图3-104所示。

步骤 08 在弹出的界面中搜索"煮汤"音效，在搜索结果中选择要使用的音效，然后点击"使用"按钮，如图3-105所示。

步骤 09 根据需要调整音效的长度和位置，然后点击"音量"按钮 ，如图3-106所示。

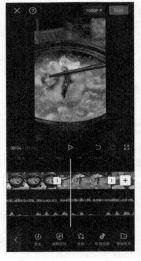 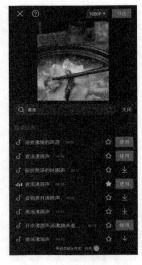 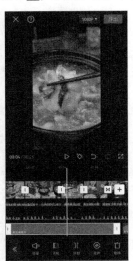

图3-104 点击"音效"按钮　　图3-105 点击"使用"按钮　　图3-106 点击"音量"按钮

步骤 10 在弹出的界面中向右拖动滑块增大音效的音量，然后点击 按钮，如图3-107所示。

步骤 11 点击"淡化"按钮 ，在弹出的界面中拖动滑块设置淡入和淡出时长，然后点击 按钮，如图3-108所示。

步骤 12 为其他视频素材添加音效，例如，为往菜上浇热油的视频素材添加"菜下油锅的声音"音效，如图3-109所示。

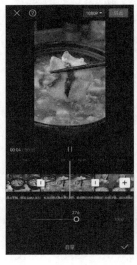  

图3-107 调整音量　　图3-108 设置淡入和淡出时长　　图3-109 添加音效

活动3　添加视频效果

下面为短视频添加视频效果，包括制作画面同框效果、添加动画效果和添加画面特效。

1. 制作画面同框效果

下面利用"画中画"和"蒙版"功能制作画面同框效果，让不同的视频素材出现在同一个画面中，具体操作方法如下。

步骤 01 选中视频素材，点击"蒙版"按钮◎，如图3-110所示。

步骤 02 在弹出的界面中选择"矩形"蒙版，拖动蒙版上的 ⟡ 控制柄调整蒙版大小，拖动蒙版内部调整蒙版的位置，然后点击✓按钮，如图3-111所示。

步骤 03 在轨道上选中视频素材，点击"复制"按钮▣，如图3-112所示。

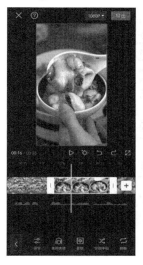 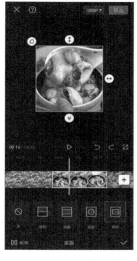 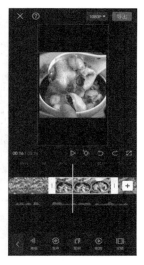

图3-110　点击"蒙版"按钮　　图3-111　调整蒙版大小　　图3-112　点击"复制"按钮

步骤 04 此时即可在视频素材右侧复制一个相同的视频素材，选中左侧的原素材，点击"切画中画"按钮✕，如图3-113所示。

步骤 05 此时即可将视频素材切换到画中画轨道，分别调整主轨道视频素材和画中画视频素材的位置，如图3-114所示。

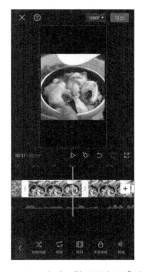 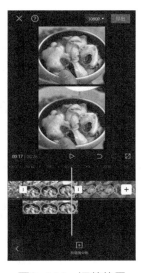

图3-113　点击"切画中画"按钮　　　　图3-114　调整位置

步骤 06 将时间指针定位到画中画素材的第1帧，选中画中画素材，在预览区域下方点击"添加关键帧"按钮◇，如图3-115所示。在开始位置添加关键帧可以保证视频素材被替换后位置不会变换。

步骤 07 点击"替换"按钮▣，打开"替换素材"界面，选择该视频素材的后一个视频素材，如图3-116所示。

步骤 08 打开视频预览界面，拖动时间线选择视频片段，点击"确认"按钮替换视频素材，如图3-117所示。

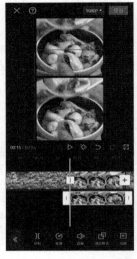 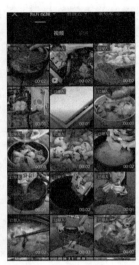 

图3-115　添加关键帧　　　图3-116　选择替换素材　　　图3-117　选择视频片段

步骤 09 视频素材替换完成，将画中画素材在第1帧的关键帧删除。选中主轨道中的视频素材，点击"编辑"按钮▣，然后点击"裁剪"按钮▣，如图3-118所示。

步骤 10 进入视频画面裁剪界面，使用两根手指向外拉伸稍微放大画面，然后拖动画面调整其位置，点击✓按钮，如图3-119所示。

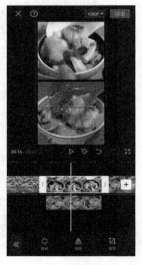 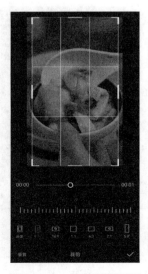

图3-118　点击"裁剪"按钮　　　图3-119　裁剪视频画面

步骤⑪ 返回到一级工具栏，点击"背景"按钮▨，如图3-120所示。

步骤⑫ 在弹出的界面中点击"画布颜色"按钮▧，如图3-121所示。

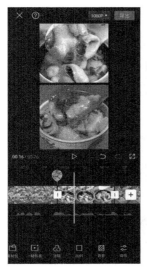

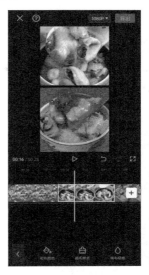

图3-120　点击"背景"按钮　　　　图3-121　点击"画布颜色"按钮

步骤⑬ 在弹出的界面中选择白色，然后点击✓按钮，如图3-122所示。

步骤⑭ 在主轨道中选中后一个视频素材，点击"删除"按钮▯将其删除，如图3-123所示。

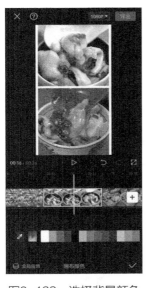

图3-122　选择背景颜色　　　　　图3-123　点击"删除"按钮

2. 添加动画效果

下面利用"动画"功能和"关键帧"功能为视频画面添加动画效果，使固定镜头变为运动镜头，具体操作方法如下。

步骤① 在画面同框素材中选中主轨道中的视频素材，点击"动画"按钮▣，如图3-124所示。

视频

添加动画效果

步骤02 在弹出的界面上方点击"入场动画"按钮，选择"轻微放大"动画，拖动滑块调整时长为0.4秒，点击✓按钮，如图3-125所示。采用同样的方法，为画中画视频素材添加同样的动画效果。

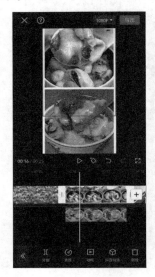 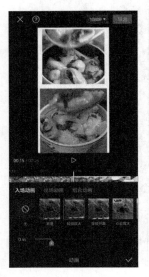

图3-124　点击"动画"按钮　　　　　图3-125　选择"轻微放大"动画

步骤03 将时间指针定位到视频素材开始位置，在预览区域稍微放大视频画面，向右移动画面。在预览区下方点击"添加关键帧"按钮◇，添加第1个关键帧，如图3-126所示。

步骤04 将时间指针定位到该视频素材的右端，然后在预览区域将画面向左拖动，此时将自动添加第2个关键帧，在两个关键帧之间将生成从右向左的运动动画，如图3-127所示。

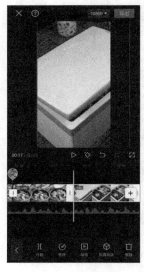

图3-126　添加关键帧　　　　　图3-127　调整画面位置

3. 添加画面特效

　　使用剪映App可以为视频画面添加各种特效，让画面瞬间变得炫酷、梦幻，具体操作方法如下。

视频

添加画面特效

步骤 01 选中第1个视频素材，点击"复制"按钮▣，如图3-128所示。

步骤 02 选中所复制素材左侧的视频素材，点击"切画中画"按钮✂，如图3-129所示。

步骤 03 选中画中画视频素材，点击"蒙版"按钮◎，如图3-130所示。

图3-128 点击"复制"按钮　图3-129 点击"切画中画"按钮　图3-130 点击"蒙版"按钮

步骤 04 在弹出的界面中选择"圆形"蒙版，拖动蒙版上的⬡控制柄调整蒙版大小，拖动蒙版内部调整蒙版的位置，然后点击✔按钮，如图3-131所示。

步骤 05 返回一级工具栏，点击"特效"按钮🌟，如图3-132所示。

步骤 06 在弹出的界面中点击"画面特效"按钮▣，如图3-133所示。

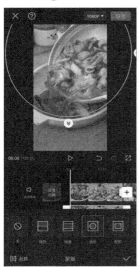 

图3-131 调整蒙版　　图3-132 点击"特效"按钮　图3-133 点击"画面特效"按钮

步骤 07 在弹出的界面中选择"自然"分类下的"蒸汽腾腾"特效，点击"调整参数"按钮⟷，调整"速度"参数，如图3-134所示。

步骤 08 调整特效的长度，点击"作用对象"按钮◎，如图3-135所示。

步骤 09 在弹出的界面中点击"画中画"按钮，使特效只应用于画中画素材，然后点击 ✓ 按钮，如图3-136所示。

图3-134　选择与调整特效　　图3-135　点击"作用对象"按钮　　图3-136　点击"画中画"按钮

步骤 10 采用同样的方法，为展示商品活动的视频素材添加"边框"分类中的"手绘拍摄器"特效，然后点击"作用对象"按钮 ◉，如图3-137所示。

步骤 11 在弹出的界面中点击"全局"按钮，使特效应用于整个画布范围，然后点击 ✓ 按钮，如图3-138所示。

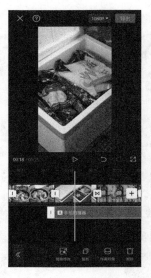
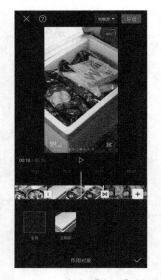

图3-137　点击"作用对象"按钮　　　　图3-138　点击"全局"按钮

活动4　视频调色

下面使用"滤镜"和"调节"功能对视频素材进行调色，具体操作方法如下。

步骤 01 将时间指针定位到要调色的位置，在一级工具栏中点击"调节"

视频
视频调色

按钮 ，如图3-139所示。

步骤 02 在弹出的界面中点击"高光"按钮 ，拖动滑块调整高光为15，如图3-140所示。

步骤 03 点击"阴影"按钮 ，拖动滑块调整阴影为15，如图3-141所示。

图3-139 点击"调节"按钮　　　　图3-140 调整高光　　　　图3-141 调整阴影

步骤 04 点击"锐化"按钮 ，拖动滑块调整锐化为30，如图3-142所示。

步骤 05 点击"色温"按钮 ，拖动滑块调整色温为8，增加暖色，如图3-143所示。

步骤 06 点击"曲线"按钮 ，点击"亮度"按钮 ，进入亮度曲线界面。曲线界面的横坐标从左到右依次代表阴影区、中间调区和高光区，纵坐标代表亮度值。在曲线的高光区和阴影区添加两个控制点，然后降低高光，点击 按钮退出亮度曲线界面，如图3-144所示。

图3-142 调整锐化　　　　图3-143 调整色温　　　　图3-144 调整曲线

步骤 07 点击"滤镜"按钮，在打开的界面中点击"美食"分类，选择"暖食"滤镜，拖动滑块调整强度为30，然后点击 按钮，如图3-145所示。

步骤08 调整调色效果的长度，使其覆盖整个短视频，如图3-146所示。

步骤09 要对视频素材进行单独调色，可以选中视频素材后点击"调节"按钮，在弹出的界面中调整各项参数，然后点击✓按钮，如图3-147所示。

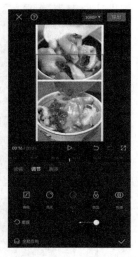

图3-145　选择滤镜　　　　图3-146　调整调色效果长度　　　图3-147　视频素材单独调色

活动5　添加文字和贴纸

下面为短视频添加文字和贴纸，配合画面用作提示，具体操作方法如下。

步骤01 将时间指针定位到要添加文字的位置，在一级工具栏中点击"文字"按钮T，然后点击"新建文本"按钮A+，如图3-148所示。

步骤02 在弹出的界面中输入文字，然后在文本编辑界面中点击"字体"按钮，选择"江湖体"字体格式，如图3-149所示。

视频
添加文字和贴纸

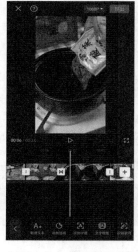

图3-148　点击"新建文本"按钮　　　　图3-149　选择字体格式

步骤03 点击"样式"按钮，在打开的界面上方选择预设的文本样式，如图3-150所示。

步骤 04 点击"动画"按钮，然后点击"入场"标签，选择"日出"动画样式，然后拖动滑块调整动画时长，点击✓按钮，如图3-151所示。

步骤 05 调整文字的长度和位置，点击"复制"按钮▢复制文字，如图3-152所示。

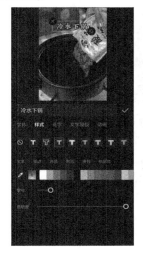

图3-150　选择文本样式　　图3-151　添加入场动画　　图3-152　点击"复制"按钮

步骤 06 将复制的文字移至合适的位置，修剪文字长度，然后修改文字，如图3-153所示。

步骤 07 继续为视频画面添加文字，在文本编辑界面中点击"文字模板"按钮，然后点击"气泡"标签，选择所需的文字模板，如图3-154所示。

图3-153　修剪文字长度并修改文字　　　　　图3-154　选择文字模板

步骤 08 将时间指针定位到要添加贴纸的位置，点击"添加贴纸"按钮◐，在搜索框中输入关键词搜索贴纸，然后选择所需的贴纸，长按贴纸将其收藏，如图3-155所示。

步骤 09 调整贴纸的大小和位置，并旋转贴纸的角度，然后在贴纸出现位置搜索并添加"叮，关注、点赞"音效素材，如图3-156所示。

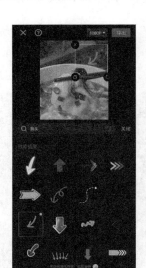 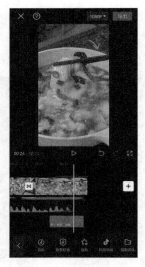

图3-155　添加贴纸　　　　图3-156　添加音效

活动6　设置封面并导出短视频

在抖音上浏览短视频时，首先映入眼帘的就是短视频封面，优质的短视频封面可以吸引用户进行点击。剪映内置了封面编辑功能，下面为短视频添加封面并将其导出，具体操作方法如下。

视频

设置封面并
导出短视频

步骤01 点击主轨道左侧的"设置封面"按钮，如图3-157所示。

步骤02 在弹出的界面中左右拖动时间线选择要设置为封面的视频画面，然后点击"封面模板"按钮，如图3-158所示。

步骤03 在弹出的界面中选择"美食"分类，选择要使用的模板，然后点击按钮，如图3-159所示。

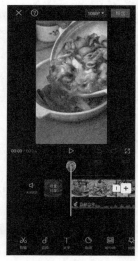 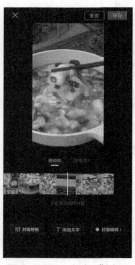 

图3-157　点击"设置
封面"按钮　　　图3-158　点击"封面
模板"按钮　　　图3-159　选择封面模板

步骤 04 点击封面文字，根据需要修改文字内容，然后点击"保存"按钮保存封面，如图3-160所示。

步骤 05 点击界面右上方的 1080P• 按钮，在弹出的界面中调整分辨率为1080p，调整帧率为30，在界面下方还可以查看文件大小，如图3-161所示。

步骤 06 点击"导出"按钮，开始导出短视频。导出完成后，点击"完成"按钮，如图3-162所示。

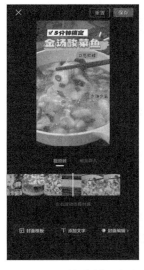

图3-160 修改封面文字　　　图3-161 导出设置　　　图3-162 点击"完成"按钮

课后实训：拍摄与剪辑商品推广短视频

1. 实训目标

掌握商品推广短视频的拍摄与剪辑方法。

2. 实训内容

4人一组，以小组为单位，找一款生活中的常见商品为拍摄对象，完成该商品推广短视频的拍摄和剪辑。

3. 实训步骤

（1）策划短视频内容

分析要推广的商品的特点和目标用户群体的需求，然后根据分析结果策划短视频的内容，撰写简单的拍摄脚本，确定要拍摄哪些视频素材。

（2）拍摄短视频

按照拍摄脚本逐个完成视频素材的拍摄。在拍摄过程中要讲究一些拍摄手法，如拍摄环境的布置、光线的运用、景别和构图的运用及设计一些简单的运动镜头等，以提高短视频画面的美观度。

（3）使用剪映App剪辑短视频

将拍摄的视频素材导入剪映中，设置画面比例，对视频素材进行粗剪，调整画面构图，然后为短视频添加合适的背景音乐和音效，根据需要为视频素材添加转场、动画和画面特效，接着对短视频进行统一调色，为指定的视频画面添加字幕和贴纸，最后设置短视频封面并导出短视频。

（4）实训评价

进行小组自评和互评，撰写个人心得和体会，教师根据学生心得和体会进行评价和指导。

课后思考

1. 简述短视频创作团队的人员配置。
2. 简述拍摄短视频的几种主要构图方式。
3. 简述使用抖音App拍摄短视频都有哪些基本设置。
4. 简述拍摄Vlog短视频和旅拍短视频有哪些方法。

项目四
抖音短视频推广引流与数据分析

知识目标

1. 掌握抖音短视频的推荐机制。
2. 掌握提高短视频权重的技巧。
3. 掌握抖音短视频推广引流的方法。
4. 掌握抖音短视频数据分析的方法。
5. 了解短视频数据分析的维度。
6. 认识数据监测工具。
7. 掌握实施短视频数据分析与优化的方法。

素养目标

1. 增强文化自信，在推广引流中弘扬中华文化。
2. 树立大数据发展理念，培养数据运营思维。
3. 培养尊重数据、实事求是、科学严谨的精神和态度。

新媒体时代是"流量为王"的时代，抖音平台庞大的流量使其成为极具潜力的短视频与直播平台。创作者要想让自己的作品脱颖而出，必须做好推广引流，学会数据分析，总结规律，找到发展趋势，了解用户需求，发现并解决问题，进而利用数据指导账号的运营，不断调整并优化内容创作和运营策略，达到营销变现的目标。

（任务一） 抖音短视频推荐机制

了解抖音短视频推荐机制有利于创作者有的放矢地设计视频拍摄内容，提高自己的账号权重，为短视频作品争取更多的推荐机会，从而达到"吸粉"引流的目的。抖音短视频推荐机制还有助于平台形成可循环的良性生态，平台根据用户的一系列反馈行为来改进平台功能，提升用户体验，吸引并留住更多的用户，实现"生产者即消费者，消费者即生产者"的循环运行模式。除此之外，抖音短视频推荐机制还有助于用户找到自己喜欢的内容。

活动1 认识抖音推荐机制的运作流程

抖音推荐机制就是抖音的评判机制，它对抖音平台创作者和用户都有效。创作者首先要了解抖音推荐机制的运作流程。

抖音推荐机制的运作流程如图4-1所示。

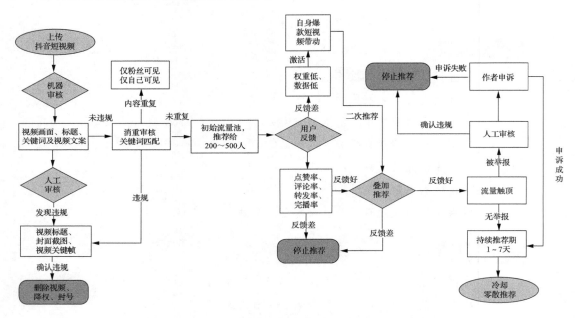

图4-1 抖音推荐机制的运作流程

抖音推荐机制的运作流程有以下几个步骤。

1．平台审核

当创作者上传一条短视频后，抖音平台会进行双重审核，即"机器审核+人工审核"。

· 机器审核：通过提前设置好的人工智能模型识别视频画面、标题、关键词及视频文案，判断短视频是否存在违法违规行为，如果疑似存在违法违规行为就会被机器拦截，以标黄、标红提示人工注意，进入人工审核阶段。

机器审核若未发现违规，平台还会进入消重审核，抽取短视频几帧画面，与抖音数据库中的海量作品比对匹配，消除重复短视频。如果发布的作品是已经被发布过的，那么推荐性就会大大降低或不予推荐。

- 人工审核：当机器筛选出疑似违规作品时，由人工进行复审，如果确定违规，就会对账号进行处罚，如删除短视频、降权、封号等。

2. 智能分发

抖音平台的一大特点就是去中心化，这就意味着在抖音平台上，任何一个抖音账号都有爆红的可能，而决定自身账号是否能爆红的唯一标准就是创作的短视频内容是否受用户的欢迎。

短视频通过审核后，系统会结合关键词匹配200~500名用户，即初始流量池，不管账号本身的等级如何，只要短视频足够优质，就能吸引用户的注意，促使用户关注，完成"吸粉"引流。初始推荐一般会优先分发给附近的人和粉丝，然后配合用户标签与内容标签进行智能分发。

3. 叠加推荐

当抖音平台为短视频提供了初始流量后，它会根据该短视频的综合权重来分析此条短视频是否受到用户关注。综合权重的关键因素包括评论量、转发量、点赞量和完播率，且遵循"完播率 > 点赞量 > 评论量 > 转发量"的权重原则。

抖音平台根据这些数据获得用户反馈，如果数据很好，短视频排名靠前，系统就会进行叠加推荐，增加曝光，第二次推荐会将短视频作品分给1000~5000名用户。如果第二次反馈依旧不错，抖音平台就会继续分配更多的流量，并以此递进。在这个过程中，如果短视频作品一直都保持着较好的反馈成绩，抖音平台就会以大数据算法结合人工审核的机制将作品推上热门。这一步骤会让短视频内容分发更加精准，在内容与用户之间进行标签匹配。

4. 流量触顶

当短视频作品经过平台审核、智能推荐、叠加推荐和热门推荐引爆后，通常会给账号带来大量的曝光、互动和粉丝。但是，这种高曝光时间一般会持续在一周之内，这也激励创作者持续生产优质的内容。如果短视频被举报，就会进入人工审核，确认违规就会停止推荐，不过创作者可以申诉，申诉成功就会持续高曝光。

抖音的推荐算法机制极具魅力，因为抖音的流量分配是去中心化的，这种推荐算法让每一个有能力产出优质内容的创作者都能参与平台的公平竞争，都有机会实现自己的理想或目标。

活动2　把握抖音推荐算法的关键指标

影响抖音短视频推荐的关键因素主要包括播放、点赞、关注、评论、分享等。创作者要掌握这些因素的数据指标，才能有效提升短视频被推荐的概率。

1. 播放量

播放量是指短视频在某个时间段内被用户观看的次数。一条短视频能否持续得到平台推荐，很重要的因素是看有多少用户把短视频看完。完播率越高，平台就推荐得越多。

2. 点赞量与点赞率

点赞量是指点赞短视频的用户数量。除了点赞量外，还要考虑其点赞率，点赞率即点赞量与播放量之比。点赞率高说明看过短视频的用户很喜欢该视频内容，用点赞来表达对作品的支持。

3. 关注量与关注率

关注量是指通过该短视频进入账号主页并点击关注的用户数量，关注率即关注量与播放量之比。关注率越高，说明短视频账号定位越精准，短视频内容对用户来说是有趣、有用、有价值的。

4. 评论量与互动率

评论量即对短视频做出评论的用户数及对评论的点赞用户数。互动率是指在推荐的用户中评论的人占多大比率。短视频评论互动是账号活跃度、质量度检测的一个重要指标，跟抖音算法推荐机制直接挂钩。

参与评论的用户越多，说明视频内容越优质，体现出该条短视频引发共鸣、关注与争论的程度越高。提高互动率的方法主要有4种，分别是增加内容的话题度，用文案引导用户评论，设置初始评论，引发评论区的争论。

5. 转发量与转发率

转发量即对短视频进行转发分享的次数。转发率是转发量与播放量之比。转发率越高，抖音的算法推荐量就越多。

除了以上指标，还有复播率，即重复观看短视频的用户所占比率。短视频重复播放，代表着用户对短视频的肯定，抖音平台也会相应地增加推荐。

为了提升短视频的这些数据指标，创作者要注意短视频的时长和短视频的发布时间，最重要的是创作优质内容。创作优质内容是引导用户关注、点赞、互动分享的核心要素。

做内容选题时，创作者可以围绕以下几个方面来策划。

- 增加谈资。很多人通常是想通过刷抖音来了解生活中不常见的冷知识和热点资讯，以在日常聊天中增加谈资。
- 带来快乐。创作者要考虑短视频内容的娱乐性、趣味性，发布的短视频要能给用户带来快乐，使其缓解压力，放松心情。
- 解决问题。短视频要能帮助用户解决生活或工作中一些常见的问题，如护肤、穿搭、考研、旅行、育儿等。
- 情感认同。短视频要能引发用户的情感共鸣，将用户代入场景，触动其内心，如正能量类短视频。

活动3　运用技巧提高短视频的权重

账号权重是抖音账号的一项内在数值，它会影响短视频作品的曝光度。账号权重可以理解为抖音账号在平台上的权威程度，权重越高的账号越被平台重视，获得的推荐也就越多。抖音账号的权重主要来自两个部分，一是账号，二是作品。

1. 通过账号运营提高权重

创作者在账号运营中要注意提高账号的权重。提高账号权重的方法如下。

- 账号的头像清晰、性别正确、个人信息完整。
- 最好绑定微信、QQ、微博等第三方账号。
- 进行实名认证。
- 发布短视频时添加地址，获得地域推荐。
- 每天稳定登录账号，并多看短视频，多点赞、评论热门短视频。

- 多看抖音热搜榜单，关注并参与话题挑战。
- 多与粉丝互动，如回复粉丝的评论和私信。
- 保持适当的更新频率，一般一周2~3次，保持账号的活跃度。
- 关注3~5个自己喜欢的账号，不要太多。

2. 通过内容创作提高权重

要想提高账号的权重，内容是关键。短视频内容定位要清晰，选题领域垂直，坚持原创内容，作品持续更新，更容易打造爆款短视频，既能提升账号权重，又能快速涨粉。通过内容创作提高权重的方法如下。

- 选择热门音乐。音乐是短视频的灵魂，抖音平台如果发现某些短视频中的音乐特别热门，就会给创作者权重扶持。
- 参与热门话题。抖音平台经常会推出不同的话题让创作者参与，如开学季、父亲节、母亲节、春节、中秋节等话题。参与热门话题不仅可以增加短视频的推荐量，还能提高账号的权重。
- 参加最新活动。积极参加抖音平台上的最新活动，按照活动要求拍摄和发布短视频，就有可能提高权重。
- 使用最新的道具和贴纸。抖音平台会根据不同的热点事件，如世界杯、奥运会、植树节等研发道具和贴纸。如果品牌方做推广活动，平台也会为品牌方量身定制道具和贴纸。创作者多使用最新的道具和贴纸，可以不同程度地提高账号权重。
- 在作品文案中@抖音小助手。新手创作者可以在作品文案中@抖音小助手，以获得额外的流量，虽然提高的权重比较低，但也是一种方法。

(任务二) 抖音短视频的推广引流

目前，短视频与直播已经成为新的流量红利阵地之一，具有高效曝光、快速"涨粉"和有效变现等优势。创作者应充分利用各种渠道为自己的抖音账号、短视频、商品进行推广引流，让更多的人关注自己，在增加粉丝量的同时也能带来更多的流量和销量。

活动1 实施私域推广引流

私域推广引流可以理解为从私域流量池中进行"吸粉"引流。私域流量池包括抖音账号、微信公众号、个人微信号、微信群、QQ群等。

抖音短视频实施私域推广引流的方法主要有以下几种。

1. 账号引流

账号引流包括原创内容引流、账号简介引流、评论引流等。

- 原创内容引流。抖音用户偏爱热门和创意有趣的内容，选择原创内容是最好的账号引流方式之一。同时，创作者应注意视频画面清晰，内容健康向上，新颖有创意，这样的原创作品更容易获得抖音平台推荐，达到很好的推广引流效果。
- 账号简介引流。这是一种简单直接的引流方式。创作者只要在抖音账号简介中写明自己的联系方式，用户点开账号主页后就会看见，如果用户对创作者感兴趣，就可能主动联系。

- 添加话题标签。话题标签通常以"#+短语"的形式来体现。在短视频标题中插入与内容相关的话题标签，可以有效提升短视频的推广效果。例如，抖音账号"希希不挑食"在发布短视频时添加了"#宝宝吃饭""#自主进食""#萌宝小吃货"等话题标签，如图4-2所示。
- 添加@好友。在发布短视频时，创作者可以添加@好友，让平台内其他账号推荐自己的短视频，这样能使用户既看到了短视频，也看到了自己的账号，如抖音账号"祝晓晗"发布的短视频@好友，如图4-3所示。
- 添加地理位置。创作者在发布短视频时，可以添加位置信息，这样有助于宣传地域特色，唤起当地用户的归属感，从而更好地"吸粉"引流，如抖音账号"木齐"发布的短视频，如图4-4所示。

图4-2　添加话题标签　　　　图4-3　添加@好友　　　　图4-4　添加地理位置

- 评论引流。评论引流有两种方式：一种方式是在自己创作的短视频的下面发布评论吸引用户关注讨论；另一种方式是在同行账号的热门短视频下面评论，吸引一些用户关注自己，为自己的账号和短视频引流。
- 私信引流。利用抖音的私信功能进行精细化的、一对一的引流"吸粉"，这种方法虽然效率较低，但精准度很高。创作者首先要找到定位相似且粉丝量较多的账号，找到相关视频后浏览其评论区，在评论区中选出需求比较强烈的用户，直接给对方发私信。
- 利用抖音热榜引流。创作者可以利用抖音热榜搜索当下的热词，让自己的短视频高度匹配这些热词，从而获得更多的曝光量。通过在视频标题文案中添加热词，设置与热词吻合的视频话题，以及添加与热词关联度较高的背景音乐等方式都可以为短视频作品引流。

- 抖音矩阵引流。抖音矩阵是指开通多个抖音账号同时运营，打造一个稳定的粉丝流量池。利用抖音矩阵将多个账号一起运营，可以全方位地展现品牌特点，扩大影响力，还可以形成链式传播进行内部引流，大幅增加粉丝数量。打造抖音矩阵时，要注意账号的行为，必须遵守抖音规则，而且一个账号一个定位，每个账号都有相应的目标人群。

2. 微信引流

创作者还可以利用微信为抖音短视频引流，方法如下。

- 微信朋友圈引流。创作者可以在微信朋友圈发布抖音短视频作品，短视频中会显示相应的抖音账号，吸引微信朋友圈中的好友关注，从而达到"吸粉"引流的目的。
- 微信群引流。创作者可以在微信群发布自己的抖音作品，群成员点击短视频后，就能直接查看内容，提高内容的曝光率。需要注意的是，发布的时间应与抖音同步。
- 微信公众号引流。创作者可以创建微信公众号，在微信公众号上定期发布抖音短视频或优质文章，将微信公众号中的粉丝引流到抖音账号，提高自身抖音账号的曝光率。

3. QQ引流

QQ拥有强大的资源优势和底蕴，以及庞大的用户群，是创作者必选的引流阵地。QQ引流的方式主要有以下几种。

- QQ签名引流。创作者可以在QQ签名中添加抖音账号内容，引导QQ好友关注。
- QQ头像和昵称引流。QQ头像和昵称是QQ账号的首要流量入口，创作者可以将其设置为抖音的头像和昵称，从而提高抖音账号的曝光率。
- QQ空间引流。创作者可以在QQ空间发布抖音短视频作品，使更多的好友看到，从而增加短视频的流量。
- QQ群引流：创作者可以多创建和加入一些与抖音账号定位相符的QQ群，多与群友进行交流互动，获得他们的信任，再发布抖音短视频作品来引流。

活动2　实施公域推广引流

公域推广引流可以理解为在全网和全渠道范围内进行信息推广引流。那些不属于自己的流量，公共化的流量池可以理解为公域流量池。创作者可以从公域流量池将流量引入私域流量池，然后进行私域运营。抖音账号实施公域推广引流的方法主要有音乐平台引流、粉丝社群引流、微博引流等。

1. 音乐平台引流

抖音短视频与音乐密不可分，创作者可以借助各种音乐平台来为自己的抖音账号引流，如网易云音乐、酷狗音乐、QQ音乐等。网易云音乐是一款专注于发现与分享的音乐产品，依托专业音乐人、好友推荐及社交功能，为用户打造全新的音乐生活。

创作者可以利用网易云音乐的音乐社区和评论功能，对自己的抖音账号进行宣传和推广，也可以利用音乐平台的主页动态进行引流，发布歌曲动态，上传照片和文字内容，还可以发布抖音上的短视频，直接宣传和推广自己的抖音账号。

2. 粉丝社群引流

粉丝社群是一个有共同价值观或目标的群体，通常有较高的用户忠诚度和黏性。创作者可以利用粉丝社群进行引流，首先要做好定位，根据定位加入或组建适合目标用户的粉丝社群。例如，做英语教育类内容，目标用户群体就是有学习英语需求的学生和职场白领，创作者可以在网络平台上如百度贴吧、豆瓣、知乎等寻找有相同需求的用户，把他们拉入该平台的粉丝社群中。

创作者通过在粉丝社群中与群友互动，针对目标用户的痛点撰写相应的推广话术和文案，引导用户关注自己的抖音账号。创作者要在不同的粉丝社群中实验，找到引流效果更好的平台，然后进一步扩大该平台的粉丝社群。

3. 微博引流

微博的用户基数也很大，当创作者在微博上推广短视频时，主要使用它的两种功能，即"@"功能和话题功能。创作者在微博上可以"@"名人、媒体或企业，如果他们回复了，就能借助其庞大的粉丝群体扩大自身的影响力。

创作者在推广短视频时，可以发布与内容相关的话题，添加"#"标签，同时在微博正文中阐述自己的看法和感想，从而借助热点提高微博的阅读量和短视频的播放量。

活动3 实施付费推广引流

抖音短视频实施付费推广引流的方式主要有信息流广告、SEO（Search Engine Optimization，搜索引擎优化）引流、KOL（Key Opinion Leader，关键意见领袖）推广、抖音挑战赛和投放DOU+等，其中，前4种是抖音广告类，而DOU+是助力短视频上热门的有效工具。

1. 信息流广告

信息流广告是使用频率较高的一种付费推广引流方式，可以灵活地穿插在各类内容中，能够给用户带来沉浸式体验，对用户的观看体验影响较小，既能获得较高的曝光量，又不会引起用户的反感。

运用信息流广告的抖音短视频，其文案中会出现"广告"字样，而用户点击短视频中的链接，则可以跳转至目标界面，从而达到推广引流的目的，如图4-5所示。

图4-5 抖音短视频中的信息流广告

抖音平台为创作者提供投放广告的机会，但广告的引流效果还要看广告本身的质量。创作者要考虑广告的用户群体，在投放前最好绘制出目标用户画像，账号定位越精准，越能实现精准投放。

2. SEO引流

SEO是一种利用搜索引擎规则提高网站在有关搜索引擎内的自然排名的技术。抖音SEO是针对抖音搜索的优化技术，是指通过提升目标短视频的视频质量和相关性，使目标短视频符合抖音搜索的排名规则，从而提高目标短视频在抖音的搜索结果排名的技术优化行为。企业或品牌商可以利用SEO来引流。

抖音短视频SEO引流的关键在于短视频关键词的选择，主要包括关键词的确定和关键词的使用。

（1）关键词的确定

创作者要根据内容确定合适的关键词，选择的关键词必须与抖音账号及短视频内容高度相关。创作者还可以通过预测确定关键词，一般社会热点新闻是用户关注的焦点，创作者要时刻关注社会新闻和网络热点，抢占有利时机预测关键词，将其运用到抖音短视频中。有些关键词会呈现阶段性变化，如季节、节日等，创作者可以据此预测关键词。

（2）关键词的使用

创作者在使用关键词时，可以通过查看朋友圈动态、微博热点等方式，统计近期出现频率较高的关键词，了解关键词的来源，并合理地嵌入抖音短视频中，也可以添加到账号简介和标题文案中，使内容与自身业务完美融合在一起，给用户一种专业的感觉。

3. KOL推广

KOL推广也是一种付费推广引流方式。创作者可以根据自己的商品和预算选择合适的KOL进行合作。抖音大V、达人就是KOL的代表群体，他们有很强的号召力和影响力，有强大的消费引导能力，与他们合作通常可以实现流量的爆发。

那些粉丝基数大、垂直化程度较高的头部KOL是创作者需要重点考虑的合作对象。联系对方时，创作者既可以直接联系账号拥有者，也可以联系其团队。综合实力越强的账号，合作的价格就越高。在洽谈合作时，最好建立一定的激励机制，双方都满意，合作才能成功。

4. 发起抖音挑战赛

抖音挑战赛分为超级挑战赛、品牌挑战赛和区域挑战赛3种形式。挑战赛形式号召力强，不同用户之间的传播分享容易形成蝴蝶效应，所以对品牌推广、传播、提升知名度等方面有很好的推动作用。

发起一次抖音挑战赛，可以获得抖音信息流、KOL、热搜、站内私信、定制贴纸等全方位的商业化流量入口，所以与其他付费推广引流形式相比，抖音挑战赛更多的是能够实现品牌的推广诉求，通过发起比赛来吸引更多用户主动参与，从而强化用户对企业品牌的认知。

发起抖音挑战赛需要支付的费用较高，所以比较适合有实力的企业或品牌商。随着抖音用户规模的持续扩大，抖音挑战赛的形式也变得越发多样化，各个品牌都在想办法降低挑战赛的门槛并增强其可玩性，目的就是给品牌账号引流，扩大该品牌在线上和线下的影响力。

5. 投放DOU+

DOU+是抖音平台推出的一款短视频助推工具，创作者通过付费购买后，系统会将短视频推荐给更多的人，从而提高短视频的播放量，增强短视频的曝光效果。

创作者投放DOU＋需要掌握一定的技巧才能事半功倍，达到预期的效果。

（1）确保短视频的质量

优质的短视频才能顺利通过系统审核，因此创作者要确保短视频制作精良、内容原创、合规合法、创意新颖。

（2）选择恰当的投放时间

创作者要选择恰当的投放时间，一般短视频发布初期是投放DOU+的黄金时期。当发布一条短视频后，创作者要及时观察该短视频的各项数据表现，如果完播率、点赞量、评论量、转发量等数据在短时间内提高得很快，就应及时投放DOU+，助推其成为爆款短视频。

（3）精准定位目标用户

DOU+有"速推版"和"定向版"，"定向版"包括3种推荐模式，即"系统智能推荐""自定义定向推荐""达人相似粉丝推荐"，创作者可以根据自己投放DOU+的目的，选择要投放的目标用户群体。

（4）进行"小额多次"投放

创作者在投放DOU+时需要遵循"小额多次"的投放原则，即每次投放较少的资金，进行多次投放。例如，投放DOU+的预算为1000元，可以选择每次投100元，共投放10次，这样可以有效降低创作者投放DOU+的试错成本。

（5）调整和优化投放方案

在投放DOU+期间，创作者要随时查看短视频的数据表现，并根据短视频的数据变化及时调整和优化投放方案，以强化投放效果。

任务三 抖音短视频数据分析

抖音账号的数据能反映出账号的运营状态，对抖音短视频数据进行分析可以帮助创作者掌控运营抖音账号的整体策略和方向。成功的运营离不开数据支持，只有采用科学的数据分析，才能保证抖音账号的运营更加专业化。

活动1 掌握抖音短视频数据分析的步骤

抖音短视频数据分析的基本步骤包括明确目标、数据挖掘、数据处理、数据分析和数据总结，下面分别进行介绍。

1. 明确目标

短视频数据分析是为了帮助创作者科学地制订计划，精准地评估运营效果。如果数据分析需求比较模糊，没有明确的目标，数据分析的有效性就会降低。因此，在进行数据分析之前，创作者首先应当制订目标，明确数据分析需求，知道为什么要做数据分析，以及通过数据分析想要达到什么效果。

2. 数据挖掘

在明确数据分析的目标后，创作者可以有针对性地进行数据挖掘。由于不同的目标对数据的需求有所不同，所以在数据挖掘环节，创作者要将目标对应的全部数据进行罗列，分析数据来源。在完成数据来源分析以后，创作者开始进行数据挖掘。

数据挖掘主要从账号后台数据和第三方数据工具两个方面入手。

（1）账号后台数据

如果在抖音账号的后台可以找到需要分析的数据，创作者就无须花费过多的时间进行数据挖掘，可以直接在后台查看、下载、复制数据。

（2）第三方数据工具

当在抖音账号的后台无法获取某项数据时，创作者就要借助相关工具，在授权后利用第三方数据工具（如飞瓜数据、蝉妈妈等）进行数据挖掘。

3. 数据处理

创作者在数据挖掘环节得到的数据通常是原始数据，有些无法直接使用，所以要对原始数据进行处理，获得可被分析使用的数据。数据处理通常包括数据剔除、数据合并和数据组合，如图4-6所示。

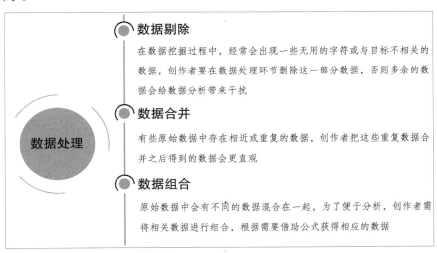

图4-6 数据处理的内容

4. 数据分析

数据在经过处理之后就具有了分析的价值。常见的数据分析有流量分析、销售分析、内容分析和执行分析。

（1）流量分析

创作者通过分析账号的访问量、访问时间、粉丝增量等流量数据来评估短视频运营的基础情况。

（2）销售分析

对用户的下单数量、下单金额、商品点击次数等数据进行分析。

（3）内容分析

对账号发布的短视频的互动数据进行统计与分析，包括点赞量、评论量、转发量等。创作者通过内容分析可以有效评估短视频的互动数据是否达标。

（4）执行分析

主要是对短视频创作团队成员日常工作执行的情况进行统计与分析，如短视频发布频率等。

5. 数据总结

在完成数据分析以后，创作者要总结数据，重点关注团队自身的短视频营销情况、同行业企业的短视频营销情况，以及行业内的短视频营销发展趋势等数据。通过总结数据，创作者不但可以更全面地了解短视频营销的情况，还可以更方便地分析短视频营销结果，总结短视频营销规律，进而制订更完善的短视频营销计划。

活动2　把握短视频数据分析的维度

抖音作为一款融入智能算法的内容产品，其运营与数据的关系十分密切。创作者在运营抖音账号的过程中，要不断提升自己的数据思维和数据分析能力。抖音短视频的数据分析可以从领域数据、单视频数据、推广引流数据等维度来进行。

1. 领域数据

短视频领域数量达几百个，其中美食、美妆、服饰、娱乐搞笑等都是抖音热门的细分领域，还有一些热度略低但潜力巨大的细分领域，如科普、母婴、手工等。无论身处哪个领域、是否准备转型，创作者都要掌握数据分析的方法和技巧。

创作者分析抖音各细分领域的潜力时需要考虑的要素如下。

（1）领域流量

这里所说的领域流量是指某领域当前聚集了多少竞争者，以及这个领域的流量大小。像美食、搞笑等领域属于受众面较广、流量较大的领域，竞争者较多。如果选择过于狭窄的领域，流量较小，可能短期内得不到很明显的运营效果。创作者必须平衡好潜力与风险之间的关系，选择适合自己进入的领域。

（2）竞争指数

竞争指数对抖音账号的创作者来说是一项非常重要的指标，这项指标在大众领域内变动幅度不大，但在小众领域中有较为明显的变化。衡量某个领域的竞争指数应关注的要素为竞争者数量、内容创作难度、运营成本和风险评估。

- 竞争者数量。如果竞争者数量很多，说明该领域热门，但竞争压力也很大；如果竞争者数量较少，则间接说明该领域的热度不够高，市场尚不成熟，所以创作者要做好自己的规划。

- 内容创作难度。素材少、内容创作难度大的领域竞争激烈程度相对较低。但创作难度大，持续创作就会比较费时耗力，如果同时追求内容质量与输出效率，创作者就要有心理准备。

- 运营成本。大多数热门领域的运营成本比较低，爆款短视频之所以受欢迎，主要是因为融入了新颖的创意和热门元素等。当然，也有一些短视频需要耗费较高的成本才能完成创作，如商品测评、美食探店类等。运营成本越高，竞争指数相对来说就越低。

- 风险评估。每个领域都有一定的风险，其风险大小与竞争指数一般是反比关系。不过，某些领域虽然风险较大，但非常受用户关注，经过评估后也值得一试。

（3）发展趋势

创作者应将领域的发展势头与竞争指数结合起来进行分析，某些热门领域的潜力虽然很大，但长期来看发展势头渐显疲态，也不是很好的选择。某些小众领域，虽一开始关注者较少，但发展趋势很好，其竞争指数也较高。例如，汉服虽是一个小众领域，但涉及我国的传统文化，从少有人关注到话题急剧增多，迎来了转折点，市场得到了充分开发，其发展势头很好。

综合上述三大要素，创作者应该能够对自己所在的领域或者准备进入的领域做出大致的判断。

2. 单视频数据

单视频数据分析是指创作者对自己账号中的某条短视频的数据进行分析，通过分析相关数据发现其是否存在问题或优势亮点。单视频数据分析的指标分为固有数据指标、基础数据指标和关联数据指标3类。

（1）固有数据指标

固有数据指标是指短视频时长、短视频发布时间、短视频发布渠道等与短视频发布相关的数据指标。

（2）基础数据指标

基础数据指标主要是指播放量、点赞量、评论量、转发量和收藏量等与短视频播放效果相关的数据指标。

- 播放量。短视频的播放量是衡量用户观看行为的重要指标。短视频的播放量越高，说明短视频被用户观看的次数就越多，曝光量就越大。
- 点赞量。点赞量反映出短视频受用户喜爱的程度。点赞量越高，说明喜欢此条短视频的用户就越多。
- 评论量。评论量反映出短视频引发用户共鸣、引起用户关注和讨论的程度。
- 转发量。转发量反映出短视频的传播度。短视频被转发的次数越多，曝光的机会就越多，播放量也就越多。
- 收藏量。收藏量反映出用户对短视频内容的喜爱程度，体现了短视频对用户的价值。用户收藏该短视频后通常是为了需要时再次观看，这无疑会增加短视频的播放量。

（3）关联数据指标

关联数据是指由两个基础数据相互作用而产生的数据。关联数据指标包括完播率、点赞率、评论率、转发率与收藏率5个指标。

- 完播率。短视频的完播率越高，其获得系统推荐的概率就越高。完播率＝短视频的完整播放次数÷播放量×100%。
- 点赞率。点赞率反映了短视频受欢迎的程度，短视频的点赞率越高，所获得的推荐量就越多，进而增加短视频的播放量。点赞率＝点赞量÷播放量×100%。
- 评论率。评论率反映了用户在观看短视频后进行互动的意愿。评论率＝评论量÷播放量×100%。

- 转发率。转发率反映了用户在观看短视频后向外推荐、分享短视频的欲望，通常转发率越高，越能为短视频带来更多的流量。转发率＝转发量÷播放量×100%。
- 收藏率。收藏率反映了用户对短视频内容的肯定程度。收藏率＝收藏量÷播放量×100%。

3. 推广引流数据

创作者做短视频推广引流一般有两个目的，一是获得更多的流量，二是提升转化率。个人账号更注重引流，而企业账号则更重视带动商品销售。做短视频推广引流掌控好临界点非常重要，个人账号推广引流影响临界点的主要因素是短视频的播放量、互动量及粉丝涨幅；企业账号推广引流影响临界点的主要因素是销售额与成本额。

在做短视频付费推广引流时，如果各项数据增长都比较明显，短视频整体热度呈现节节攀升的势头，粉丝规模也在迅速扩大，那么创作者应继续追加投放。如果错过追加投放的最佳时期，有可能会错过平台推荐的流量池。创作者如果想通过付费推广引流获得较好的效果，就必须重视数据采集和分析工作，并根据数据做出决策。

创作者在做付费推广引流时，应注意以下事项。

- 保持理性。创作者必须具备理性思维，不能看到数据走势很好就冲动地追加投放，看到数据暂时没什么变化就灰心放弃。创作者要做到心中有数，理性地进行数据分析。
- 注意数据时效。每位创作者选择推广引流的方式不同，推广引流的时长也不一样，但无论是几小时还是几天或者更长，创作者必须掌握最新的数据，不能使用已经失去分析价值的过期数据。当然，创作者有时需要利用早期数据制作可视化的走势图，但这与采集新数据并不冲突。
- 选择最佳渠道。抖音上有许多推广引流的渠道，而外部推广引流的渠道则更加多样化。不同的渠道在价位、优劣势等方面都存在差异，创作者要根据自身情况合理选择。
- 掌握推广引流的节奏。创作者要掌握好推广引流的节奏，在临界点足够清晰、数据参考性足够强的情况下迅速做出决策。
- 制订预算方案。在推广引流的过程中，如果相关数据表明推广引流的潜力巨大，创作者应依据推广引流的数据做出合理规划，如具备追投的价值，可以继续追投，但如果超出预算过多的话，创作者要权衡好投入与回报。

活动3　借助数据监测工具进行分析

创作者可以利用的数据监测工具包括抖音数据看板和第三方数据分析工具。

视频

借助数据监测
工具进行分析

1. 开通抖音数据看板

开通抖音数据看板的具体操作方法如下。

步骤 01 打开抖音App，在下方点击"我"标签，进入"我"界面，点击右上方的☰按钮（见图4-7），在弹出的列表中点击"抖音创作者中心"选项，如图4-8所示。

| 图4-7 点击 ≡ 按钮 | 图4-8 点击"抖音创作者中心"选项 |

步骤 02 在打开的界面中点击"开通数据看板能力"（见图4-9），进入"开通数据看板"界面（见图4-10），向上拖动界面，将界面滚动到底部，点击"立即开通"按钮，即可开通数据看板，如图4-11所示。

| 图4-9 点击"开通数据看板能力" | 图4-10 "开通数据看板"界面 | 图4-11 点击"立即开通"按钮 |

成功开通数据看板后，进入"数据中心"界面，点击上方导航按钮可以查看"总览""数据全景""作品数据"和"粉丝数据"等分析结果。

- 在"总览"中可以看到自身账号与同类账号的比较情况，并针对每项情况如播放量、互动指数、投稿数、粉丝净增、完播率方面做出诊断，提出诊断建议，如图4-12所示。
- 在"数据全景"中可以查询作品、直播、收入、电商、星图等相关数据，如图4-13所示。

图4-12 "总览"界面　　　　图4-13 "数据全景"界面

- 在"作品数据"中可以查询单条短视频的点赞量、评论量、分享量和播放量，如图4-14所示。
- 在"粉丝数据"中可以看到总粉丝数和粉丝特征数据，如图4-15所示。

图4-14 "作品数据"界面　　　　图4-15 "粉丝数据"界面

2. 认识第三方数据分析工具

随着短视频的发展，现在可供创作者选择的数据监测工具有很多种，创作者不仅要了解这些工具，还要能够熟练使用。创作者可以充分利用第三方数据分析工具来提高短视频的运营效率，优化运营策略。

目前，比较常用的第三方数据分析工具有飞瓜数据、蝉妈妈、新榜、抖查查、抖怪兽等。

（1）飞瓜数据

飞瓜数据是一款专注短视频领域的权威数据分析平台，它为创作者提供数据服务，包括播放数据、用户画像、视频监控、商品监控等。创作者借助飞瓜数据可以更好地跟踪短视频数据，从而优化短视频内容。

（2）蝉妈妈

蝉妈妈提供了抖音达人、热销商品、短视频带货、直播带货等详细数据，能为创作者提供一站式营销服务。蝉妈妈的优势在于数据分类细致，达人和直播电商的相关数据非常详细且全面，创作者可以根据自己的需要来找达人、找直播、找商品、找视频等，如图4-16所示。

图4-16　蝉妈妈抖音分析平台

（3）新榜

新榜是一个综合性的平台，提供全平台榜单、内容营销、数据服务、运营增长等相关内容。新榜基于微信、抖音、小红书、哔哩哔哩、快手等主流内容平台，提供包括新抖、新视、新红、新站、新快在内的多种数据分析工具，为用户带来实时热门素材、品牌声量、直播电商等全面的数据监测分析能力。抖音账号创作者单击新榜首页导航栏中的抖音号，即可进入新抖页面，查看抖音账号的相关数据。

抖音账号创作者进入新抖的页面，其突出优势就是采用可视化的方式来展示数据，如图4-17所示。

图4-17　新抖页面

如果创作者在抖音上使用DOU+做短视频推广投放，也可以同时使用新榜，因为它能让DOU+的投放进程更加透明，创作者可以看到各项投放数据的实时变化，以此判断是否需要追加投放。

（4）抖查查

抖查查是专业的短视频数据分析平台，其在2022年成为抖音直播电商短视频聚合服务平台。抖查查平台首页，如图4-18所示。创作者不仅能通过定时更新的榜单看到头部账号的

"涨粉"情况，还能看到"掉粉"情况。抖查查还非常重视数据之间的对比，创作者可以更清晰地看到账号的真实运营状态。

图4-18　抖查查平台首页

创作者也可以使用抖查查了解抖音账号的竞争力。抖查查会为每个抖音账号计算账号指数，账号指数的计算指标主要包括短视频的几项重要数据、权重等。账号指数越高，账号的竞争力就越强。创作者可以依据相关数据更好地进行短视频的推广引流。

（5）抖怪兽

抖怪兽是一个专注于抖音无货源及抖音全站分析的数据网站，其核心优势在于免费使用，没有任何功能限制，数据的完整性和准确性也比较高。平台的首页导航栏包括"监控分析""选品分析""抖店分析""视频分析""实用工具""抖音资源"等功能栏目，如图4-19所示。

图4-19　抖怪兽平台首页

活动4　实施短视频数据分析与优化

创作者可以在抖音账号主页查看账号的基础数据，例如，"华为"抖音账号主页显示"获赞""关注""粉丝""作品"等数据，如图4-20所示。点击"进入橱窗"，可以查看该账号的全部橱窗商品，如图4-21所示。点击作品中的任何短视频，可以看到该条短视频的数据，如点赞量、评论量、收藏量和转发量等，如图4-22所示。

图4-20 账号的基础数据　　　图4-21 橱窗商品　　　图4-22 单条短视频的数据

创作者可以依据相关数据对短视频进行优化，方法如下。

1. 提高点赞量

点赞量能够反映短视频质量的好坏。点赞量与用户喜好是正相关的，如果点赞量较低，创作者就要分析原因，优化视频内容。

提高点赞量的方法如下。

- 新颖有创意。短视频的内容要新颖有创意，不能过于大众化，只有引起用户的观看兴趣，才能吸引他们点赞。
- 制造记忆点。用户对短视频的点赞行为，除了说明自己喜爱、支持的态度，还有便于记录，方便自己以后能够轻松找到此条短视频，因此创作者应对内容做出调整，引入一些能为用户带来价值，被用户牢牢记住的元素，引导其点赞。
- 增加关键词。短视频的点赞量不高，除了内容质量的问题，还有可能是曝光量不足。创作者应充分发挥关键词的作用，增加关键词，以提高短视频获得系统推荐的概率。

2. 注意评论质量

创作者要特别重视短视频的评论区，不仅要统计评论量，还要对其总体质量进行评估。单条短视频的评论量一般与粉丝规模相匹配，如果评论量达标，但大多数评论是简单的语气词或单纯的表情符号，这也不利于账号的发展。

想从整体上提高短视频的评论质量，创作者可以尝试以下几种方法。

- 自创话题。创作者可以通过自己创建话题的方式来带动用户进行评论。为了让用户产生讨论的欲望，创作者要创建有趣的话题，同时适当地加入一些具有争议性的元素。
- 注意回复时效。在短视频的评论量不是很高时，创作者要抓住每一位留言的用户，及时回复，促使其转化为自己的粉丝，不要隔了很久再回复，让用户觉得创作者的态度很敷衍。
- 有意识地引导。创作者可以在短视频内容中有意识地加入一些可能引起互动的小设计，引导用户做出评论。

3. 扩大转发规模

在抖音平台上，比较容易被用户自发转发的短视频以娱乐搞笑类、剧情类居多，这类短视频的创作者要将工作重点放在提升内容质量上，这在一定程度上会增加短视频的转发量。对于测评、探店类短视频来说，大部分用户只是想做大致的了解，要想激发用户的分享欲望，创作者可以将内容方向向态度、情感等方面倾斜，激发用户产生共鸣，从而促使用户自发转发。

4. 提高完播率

完播率也是创作者越来越重视的数据。短视频的完播率与内容、时长都有一定的关系。据统计，15～20秒的短视频的完播率比较高。对于新手创作者来说，创作处于这个时长区间内的短视频的难度并不高。

时间越长，内容越充实，需要考虑的细节就越多，创作难度也就越大。除了短视频的时长，创作者还要考虑发布短视频的时间点，在恰当的时间点发布，也能有效提高短视频的完播率。总之，要想优化完播率这项数据，创作者还是要努力提高内容质量。如果用户被短视频的内容吸引，即便短视频略长，用户也会从头看到尾。

5. 重视粉丝涨幅

有些创作者对账号的粉丝涨幅数据不太关注，特别是新手，他们的评判标准很简单，如果今天涨了10个粉丝，明天涨了20个粉丝，就会觉得很满足。从某种角度来看，这的确是一种进步，但更需要结合短视频的播放量来综合分析。

如果有一条爆款短视频，播放量高达几十万，但粉丝的上涨幅度仍停留在几个或十几个，这种情况就不太正常，需要分析具体原因，加以调整优化。这也说明创作者在推广引流方面做得不到位，应及时调整策略。

以上这几种数据都是短视频的基础数据，如果创作者都能优化到位，就能有效提升短视频在抖音平台上的权重，使短视频作品获得更多的流量。

课后实训：对抖音短视频进行推广引流和数据分析

1. 实训目标
掌握短视频推广引流的方法和数据分析的方法。

2. 实训内容
4人一组，以小组为单位，完成短视频的推广引流和数据分析工作。

3. 实训步骤
（1）关注发布的短视频

时刻关注抖音后台，观察短视频的数据表现。

（2）对短视频进行推广引流

小组人员进行分工，分别在不同的渠道进行推广引流，如微信、QQ、微博等。

（3）对短视频进行数据分析

推广引流后，观察短视频的基础数据，借助第三方数据分析工具，分析短视频账号在该领域的位置，与头部账号的差距，总结出短视频的亮点与不足，为之后的创作和运营积累经验。

（4）实训评价

进行小组自评和互评，撰写个人心得和总结，最后由教师进行评价和指导。

课后思考

1. 简述抖音推荐机制的运作流程。
2. 简述抖音短视频私域推广引流的方法。
3. 简述抖音短视频数据分析与优化的方法。

抖音直播的内容策划与执行

知识目标

1. 了解直播团队人员的职责，能够组建不同规模的直播团队。
2. 学会选择直播商品，确定直播商品价格。
3. 学会策划直播活动内容，以及搭建与布置直播间。
4. 掌握直播活动推广引流的方法。
5. 学会运用直播话术，管理直播用户。
6. 掌握应对直播突发事件的方法。

素养目标

1. 培养诚信意识，严格选品，防范法律风险。
2. 树立大局意识，做直播时从全局考虑，坚持系统观念。
3. 在直播中处变不惊，提升应急处理能力。

要想做好抖音直播不是一件轻而易举的事情，优质的直播内容要依据用户接收内容的不同反应进行创作生产，由此创作出的内容更契合用户的需求，更能赢得用户的支持与认可。因此，直播运营人员在直播活动之前要先理顺直播活动的思路，制订合理的直播策划方案，做好前期的准备工作，然后依据直播策划方案有目的、有针对性地执行直播活动的各项工作。

任务一 抖音直播团队的组建

要想做好抖音直播，组建一个高效的直播团队是非常有必要的。抖音直播团队的架构、人员配置会因为业务需求不同而有所不同。一般而言，直播团队要有主播、副播、运营策划、场控、投手、客服等人员。

活动1 明确直播团队人员的职责

在组建直播团队时，首先要明确直播团队人员的职责，各司其职，具体如下。

1. 主播

主播是决定直播间销售转化的关键，尤其是达人直播间，主播更是决定直播间转化的核心角色。主播要有强大的抗压能力和心理素质，当直播间的数据产生巨大波动时，主播应能稳住心态。其次，主播要有良好的语言表达能力和出色的肢体表现能力，具备控场的气场和强大的号召力、感染力，利用话术激发直播间的用户产生购买欲望。

主播要在开播前对整场直播的脚本内容、节奏、商品特性、利益点等环节和细节了然于心，同时了解直播的要点信息、直接和间接的粉丝福利等；在直播过程中，主播要积极活跃直播间的气氛，回答粉丝的提问，与粉丝互动，引导用户关注直播间，同时做好商品的介绍、展示和销售等工作；在下播后，主播要及时复盘，并不断提升曝光度，打造主播个人品牌，增强粉丝黏性。

2. 副播

副播通常作为主播的助手，配合主播完成直播工作，其需要具备良好的表现力和较强的情绪张力，可以引导用户停留互动并加入粉丝团。副播也需要有较快的反应能力和丰富的直播经验，可以在主播短暂离席时补位，并及时应对直播间出现的不利情况。副播还需要承担帮助主播切换商品、展示商品细节等工作，以保障直播的流畅、顺利。

3. 运营策划

运营策划岗位的人员首先要有统筹全局的组织和管理能力，对外可以组织协调供应链，进行招商，对内则可以把控主播、投手等团队人员的稳定配合。

在商品方面，运营策划人员要具有选品能力，可以通过经验和数据分析来确定适合的商品。运营策划人员还要懂引流，包括短视频引流和千川投流，有时运营策划人员本身就兼任投手的角色。总之，运营策划是直播团队的"大脑"，是直播团队中的灵魂人物。

4. 场控

场控应具备直播间运营的经验，熟悉平台规则和商品品类，了解行业的变化趋势，主导或参与直播玩法的创新和测试。这就需要场控具备一定的数据分析能力，了解直播玩法的底层原理和创新方向。场控是直播过程中的"现场导演"，调动直播团队的各个岗位紧密配合，营造有利于销售转化的氛围，确保整个直播过程的流畅。

场控主要负责设备调试、软件设置、后台操作、数据监控、指令接收和发送等。例如，场控要在直播前调试直播软件，在直播过程中管理直播后台，控制直播节奏，配合主播来修改商品价格、抽奖、发放优惠券、加减库存等。场控还要以喊出库存数的方式来回应主播，保持声音洪亮、清晰。

5. 投手

投手的主要职责是为直播间引流，不管是发布引流短视频还是投放DOU+，投手都要及时进行操作。如果直播间的在线用户数量很少，而其他人正在卖力销售时，及时为直播间带来精准的付费人群是投手的第一要务。

优秀的投手是降低直播间引流成本的重要角色，所以非常稀缺，因此一般属于直播机构的公共资源，不止服务于一个直播间。当然，也有一些高配版团队配备专用投手，而中配版和低配版团队通常由运营策划人员兼任投手的角色。

6. 客服

在直播中，客服起到承接的作用，要耐心、细致地解答粉丝的问题，其岗位职责如下：熟悉商品信息，洞悉粉丝的需求，掌握一定的沟通策略，能够向粉丝准确解释并形象地描述商品的卖点和优势；热情、高效、准确地答复粉丝针对商品提出的各类问题，不能抱怨和拒绝，要在粉丝心中建立一个专业、贴心、周到、值得信赖的形象；及时、准确地进行商品备注，反复确认好后第一时间向打单人员反映，以防出现发错货或没发货的情况。

活动2　配置直播团队的人员

根据人员配置规模的不同，直播团队可以分为低配版团队、标配版团队和高配版团队。个人或商家可以根据自身运营能力、资金实力等情况组建不同规模的直播团队。

1. 低配版团队

如果个人或商家的预算不高，可以组建低配版团队，至少设置1名主播和1名运营。低配版团队对运营的要求较高，需要其是全能型人才，在直播过程中集运营、策划、场控、副播等角色于一身，可以自如切换角色，在工作中游刃有余，但低配版团队的缺点在于无法实现连续直播，主播流失或暂时不直播等问题出现时会影响直播的正常进行。

低配版团队人员构成及其职能分工如表5-1所示。

表5-1　低配版团队人员构成及其职能分工

人员构成	职能分工
主播（1人）	熟悉商品脚本和直播活动脚本，进行商品讲解和销售，控制直播节奏，及时复盘
运营（1人）	分解直播营销任务，规划直播商品品类、上架顺序、陈列方式，分析直播数据
	策划直播间优惠活动，设计直播间粉丝分层规则和粉丝福利，参加直播平台排位赛等直播活动，策划直播间引流方案
	撰写直播活动脚本，设计直播话术，搭建并设计直播间场景，筹备直播道具
	调试直播设备和直播软件，保障直播视觉效果，上架商品链接，配合主播发放优惠券

2. 标配版团队

标配版团队的核心岗位是主播，其他人员要围绕主播来工作。标配版团队的人数基本为4～5人，4人组成的标配版团队的人员构成及其职能分工如表5-2所示。

表5-2　标配版团队人员构成及其职能分工

人员构成	职能分工
主播（1人）	熟悉商品脚本和直播活动脚本，进行商品讲解和销售，控制直播节奏，及时复盘
运营（1人）	分解直播营销任务，规划直播商品品类、上架顺序、陈列方式，分析直播数据
策划（1人）	策划直播间优惠活动，设计直播间粉丝分层规则和粉丝福利，参加直播平台排位赛等直播活动，策划直播间引流方案
	撰写直播活动脚本，设计直播话术，搭建并设计直播间场景，筹备直播道具
场控（1人）	调试直播设备和直播软件，保障直播视觉效果，上架商品链接，配合主播发放优惠券

3. 高配版团队

随着直播业务的不断扩大和资金实力的上涨，个人或商家可以适当扩大团队的规模，将其改造为高配版团队。高配版团队的人员较多，分工更细化，工作流程更优化，其人员构成及职能分工如表5-3所示。

表5-3　高配版团队人员构成及其职能分工

人员构成		职能分工
主播团队（3人）	主播	开播前熟悉直播流程和商品信息；在直播中推荐商品，介绍直播间福利，与粉丝互动；直播结束后复盘，总结直播经验
	副播	协助主播介绍商品和直播间的福利活动；试穿或试用商品；主播暂时离开时临时替补，保证直播不冷场
	助理	准备直播商品和道具；配合主播工作，完成画外音互动
策划（1人）		规划直播内容，确定直播主题；准备直播商品；做好直播前预热；规划好开播时间段，做好直播间外部导流和内部用户留存等
编导（1人）		撰写商品脚本、直播活动脚本、关注直播间的话术脚本、控评话术脚本；设计直播间场景；设计主播和副播的服饰、妆容等，准备直播中使用的道具
场控（1人）		做好直播设备调试；负责好直播中控台的后台操控；接收并传达指令
运营（2人）		分解直播营销任务；规划直播商品品类、上架顺序、陈列方式；分析直播数据；做好直播推广引流；做好粉丝分层管理
店长导购（2人）		辅助主播介绍商品，强调商品卖点，同时协助主播与粉丝互动
拍摄剪辑（1人）		负责直播花絮、介绍商品相关信息等短视频的拍摄与剪辑，辅助直播工作
客服（2人）		配合主播在线与粉丝互动、答疑；修改商品价格，上线优惠链接，促进订单转化，解决发货、售后等问题

任务二　抖音直播选品与定价

一个转化率高的直播间对人、货、场的把控是渗透到直播各个环节的，在确定了直播团队人员及其职责之后，接下来要做的就是选品和定价，这两个环节几乎决定了整场直播的方向。

活动1　选择直播商品

选择直播商品，即选品，决定着直播间口碑的好坏和营销的成败。部分企业的抖音直播电商业务做不起来，有很大一部分原因是选品问题。因此，直播团队在选品时不能盲目跟风，要根据自己的实际情况仔细分析，认真进行筛选。

抖音直播团队在选品时，需要考虑以下3个维度。

- 直播营销目标。直播团队在不同的阶段可能会有不同的营销目标，当缺乏影响力时，直播团队会通过高频率的直播来提升主播和直播间的影响力，侧重于选择热度较高的商品；而已经拥有一定粉丝量的直播团队可能更希望尽快获取更多的营销收益，侧重于选择利润较高且能满足粉丝需求的商品。

- 直播市场需求。判断市场需求就是判断有多少人在多大程度上需要一个商品，主要有两个维度，一是需要某商品的人数，二是需要该商品的程度。需要该商品的人数多，程度高，那就是大众需求，否则就是小众需求。

- 季节与时节。很多大众刚需型商品会受到季节和时节的影响而出现旺季、淡季之分，对于这些商品，直播团队要判断以下问题：多久更新一次商品？在什么时间淘汰什么商品？在什么时间进行清场促销？在什么时间对商品进行整体的更新换代？

由于中小型的直播团队或新手直播团队缺乏自建品牌和供应链的能力，所以需要通过招商来选品，一般有以下6个步骤。

1. 根据用户需求确定选品的细节

选品的第一步是根据用户需求确定选品的细节。如果直播间销售服饰类商品，就要了解用户喜欢什么颜色、什么风格的服饰；如果直播间销售家居用品，就要了解用户希望商品具有什么功能，对包装有何要求等。

2. 查看法律风险

有些商品品类在直播间是不被允许销售的，直播团队应注意规避。例如，美瞳（即彩色隐形眼镜）已在2012年被列入第三类医疗器械用品，不允许在直播间销售。另外，对于涉嫌抄袭原创设计品牌的商品，如果在直播间上架销售，会影响主播和直播团队的声誉。因此，对于那些看起来是爆款的商品或自称是独家设计的商品，直播团队要注意审查其是否构成侵权。

3. 查看市场数据

选品的第三步是查看商品的市场数据，尤其是商品的直播转化率，了解商品销量和商品关联直播访问量的对比，这个数据可以帮助直播团队判断目标商品的市场需求有多大。一般来说，常用的专业数据平台有新抖数据、飞瓜数据等。

4. 了解专业知识

在激烈的市场竞争环境下，直播团队只有尽可能多地了解目标商品所属领域的专业知识，才有可能把握商品的生命周期，在有限的时间内挖掘商品的全部信息。另外，如果直播团队对商品有足够专业的认识，即使所销售的商品在直播平台上竞争激烈，也能赢得用户的信任和支持。

5. 反复甄选

根据"二八法则"，20%的商品可以带来80%的销量，直播团队的甄选目标是要尽可能地发掘出那20%的商品。因此，直播团队要反复且细致地甄选，在这个过程中，直播团队的专业程度决定了甄选结果。

6. 品类升级

每一款商品都有生命周期，今天在直播间成为爆款的商品，很有可能明天就会被市场淘汰；而今天发布的新品在第二天很有可能被其他直播间跟风销售。对于直播团队来说，爆款商品被淘汰、新品被跟风销售是无法避免的，所以在获得粉丝的认可和支持后，直播团队要及时进行品类升级。

直播团队在选品时，需要注意以下事项。

- 选品要与账号定位相关联。如果自己的账号主攻美妆，直播带货选品也要尽量选择与美妆领域相关的商品。这样一方面自己对商品的熟悉度更高，另一方面也符合粉丝对账号的预期，有利于提升商品转化率。
- 亲自试用商品。只有亲自试用商品之后，直播团队才能知道它到底是不是一款好商品，能不能符合粉丝需求，也能了解商品的特性和使用方法，方便在直播时为粉丝讲解，同时提升该商品的吸引力。
- 选择高热度直播商品。直播团队可以根据数据分析工具来查看当前的高热度直播商品，筛选符合自身定位的商品并做推荐。这样即使粉丝不需要这件商品，但在当下时间段也能保持对这件商品的关注和讨论，并提升直播间的热度。
- 选品要有较高的性价比。抖音直播带货的核心是推广商品，所以选择性价比较高的商品更容易激发用户的购买欲望。高性价比的商品一方面可以最大限度地保证粉丝的权益，另一方面也可以让粉丝对主播产生信任，提升回头率。直播团队在选品时，客单价最好不超过100元，但与快手相比，抖音的客单价明显要高，通过直播商品榜的数据可以看出，抖音商品的客单价要比快手商品的客单价高一倍多，且多为品牌商品。
- 选择复购率较高的商品。直播带货的粉丝群体相对稳定，不容易快速增加新用户，所以直播团队可以选择复购率较高的商品，这样既可以增加收益，也会提高粉丝的活跃度。

活动2　确定直播商品价格

商品价格是影响用户在直播间下单的重要因素。抖音直播电商的定位是给用户提供优价好物，要做到优价，直播团队就要在商品组合和定价上与其他平台或线下渠道做出差异化定位，凸显商品的高性价比。

在确定直播商品的价格时，直播团队要分别进行单品定价和组合商品定价。

1. 单品定价

在设置单品定价时，直播团队可以采用以下定价策略。

（1）价格锚点策略

价格锚点策略是指根据其他商品的价格来设定所推荐商品的价格。从用户的角度看，用户在不确定一个商品价格是否划算时，就会参考其他同类商品的价格。如果有三款同类商品，且三款商品有三种不同价格，用户一般倾向于选择价格居中的商品。因为用户觉得最便宜的商品可能质量不好或性价比不高，而最贵的商品缺乏性价比。

因此，在为单品定价时，直播团队可为单品设置两个价格，即初始价格和打折价格，以悬殊的价格对比让用户觉得打折价格更划算，或者将所有商品按照价格高低排列，让用户进行选择，很多用户为了确保自己在价格和质量中获得平衡，往往会选择第二贵或第三贵的商品。

（2）要素对比策略

用户在购买一个价格较高的商品时往往会考虑各种要素。因此，若直播团队设定较高的价格，就有必要为用户提供一个直观的关键要素对比表。例如，对于手机、计算机、生活电器等，直播团队可以提供硬件配置对比表；对于服饰类，直播团队可以提供用料对比图、工艺对比图等。当用户看到差异时，就会倾向于购买更好的那款商品。

（3）非整数定价策略

非整数定价策略是指直播团队设定的商品价格以9或8结尾，而不是以0结尾。非整数价格会让用户觉得这种价格经过精确计算，而且非整数价格与整数价格的实际差别不大，却给用户一种便宜很多的感觉。

（4）阶梯定价策略

阶梯定价策略，即用户每增加一定的购买数量，商品的价格就降低一个档次。采用这种定价策略可以吸引用户增加购买数量。阶梯定价策略适用于食品、小件商品和快消品。

阶梯型的价格递减能给用户强烈的冲击，激发其购买欲望，直播团队可借此完成销售并释放库存。需要注意的是，阶梯定价策略要清晰简明，在下单链接中注明建议的购买数量。

此外，商品价格不是一成不变的，直播团队需要时刻分析市场动态，根据市场变化及时调整商品价格。

2. 组合商品定价

组合商品定价策略是指将两种或两种以上的相关商品捆绑打包后进行销售，并设定一个合理的价格。在设置组合商品定价时，直播团队可以采用以下定价策略。

（1）买赠策略

指为所销售的商品设定一个价格，同时免费赠送一个其他商品。最适宜的赠品是用户使用购买的商品时会用到的附属商品。采用买赠策略时，赠品应该在直播过程中多次出镜，以增强用户对赠品的记忆及对赠品价值的认可。

（2）套装策略

指将不同的商品放在一起组成一个套装，为套装设定一个价格。

（3）系列商品定价策略

对于既能单个购买，又能成套购买的系列商品，直播团队可以实行系列商品定价策略。例如，仅购买一件西服上衣时，可以按照原价出售；而购买一套带背心、裤子的西服套装时，则可以减价出售。由于成套销售可以节省流通费用，减价优惠可以促进销售，所以商品流通速度和资金周转速度都会大大加快，有利于提高直播间的经济效益。

（4）互补商品定价策略

互补商品又称连带商品，对这类商品定价时，直播团队要有意识地降低互补商品中购买次数少、用户对降价比较敏感的商品的价格，同时有意识地提高互补商品中购买次数多、消耗量大、用户对价格提高不太敏感的商品的价格。

任务三　抖音直播活动的策划

要想使直播活动最大程度地按照自己的预期进行，直播团队就要做好策划工作，了解直播活动的基本流程，策划直播活动的内容，搭建与布置直播间，如规划直播场地、划分场地区域、布置直播间的环境和灯光等。

活动1　了解直播活动的基本流程

抖音直播是一个复杂的活动，虽然没有营销的标准公式，但也有特定的流程可循。直播团队要了解直播活动的基本流程，这样可以有条不紊地设计直播思路，不至于偏离方向，而且在转化效果不好的时候更容易找到问题出在哪里。

直播活动的基本流程大致包括选择直播设备、布置直播间、定位目标用户、明确直播营销的整体思路、撰写直播脚本、选择商品、确定直播时间、直播执行、做好二次传播和直播复盘。

1. 选择直播设备

直播活动的开展离不开直播设备的支持，直播设备在很大程度上影响着直播效果。直播时使用的设备有以下几种。

（1）智能手机

直播推流对硬件设备的性能要求比较高，所以直播团队要选择配置高、性能好的智能手机。智能手机一般有两类摄像头，即前置摄像头和后置摄像头，由于技术限制，前置摄像头的像素相对较差，因此建议主播使用后置摄像头进行直播，以保证直播画面的清晰度，同时再准备一个智能手机查看用户的留言，以便于与用户进行互动。

（2）网络设备

如果网络速度慢或者网络稳定性较差，直播画面的加载速度就会过慢，导致画面卡顿，影响用户的观看体验。因此，直播团队应使用网速较快的网络设备，以保证直播画面的流畅性与稳定性。

（3）辅助设备

辅助设备主要包括支架、话筒和声卡。

- 支架。支架（见图5-1）可以保证直播设备的稳定性，进而提升直播画面的稳定性。在选购支架时，直播团队要对支架材质、功能、稳定性和价格等因素进行综合考虑。
- 话筒。话筒的类型有很多，包括电容话筒、动圈话筒等。在直播领域，大部分主播都在使用电容话筒，该话筒可以减少杂音与爆音，使声音清晰地传播出去。直播团队在选择电容话筒时，要考虑品牌、价格与性能等多种因素。为保证音质，可以选择大振膜的电容话筒，如图5-2所示。

- 声卡。为了保证声音效果，直播团队要选购一款高质量的声卡，如图5-3所示。声卡可以丰富伴奏，提供各种各样的特效声音，丰富直播间的场景，活跃直播间的气氛。

图5-1　支架

图5-2　电容话筒

图5-3　声卡

（4）灯光设备

灯光不仅可以营造直播氛围，还可以突出主播及其想推荐的商品，强化其在用户心目中的形象。

一般来说，一套完整的灯光设备应当包括环境灯、主灯、补光灯和辅助背景灯，其具体功能如表5-4所示。

表5-4　灯光设备

灯光设备	具体功能
环境灯	保证整个直播间的亮度，一般使用顶灯或LED灯
主灯	保证主播和商品接受的光线均匀、柔和，使主播和商品看起来更舒服
补光灯	修饰主播的肤色，让主播的面部看起来更柔和
辅助背景灯	装饰并烘托气氛，当其他灯光无法营造出令人满意的效果时就可以使用辅助背景灯来调节

2．布置直播间

虽然在人设塑造、直播带货方面直播间只起到辅助作用，但在用户接收到的视觉信息中，直播间陈设、环境和氛围等信息占有很大比重。如果直播间的环境不佳，选择的场地不好，即使主播形象再好，再会讲解商品，也无法给用户留下良好的印象，所以直播间的布置非常重要。

在布置直播间时，直播团队首先要选择合适的直播场地，将直播间的面积控制在合理的范围内，然后根据主播和直播主题设计有特色的直播背景墙。总之，直播间的环境要光线明亮、视野清晰、物品整洁。

3．定位目标用户

要想提高直播的效果和直播带货的转化率，直播团队必须精准定位目标用户，根据目标用户的特点和需求来进行策划直播内容。例如，在直播销售饰品时，为了提高转化率，直播团队要根据用户的年龄、所在地域和消费能力进行细分，如年长的女性更注重饰品的质感，年轻的女性更注重饰品的时尚感等。明确目标用户之后，直播团队需要再挖掘目标用户的核心需求，有针对性地策划直播内容。

4. 明确直播营销的整体思路

在准备直播营销策划方案之前，策划人员要先把整体思路厘清，然后有目的、有针对性地策划与执行。直播营销策划方案的整体思路设计包括3个部分，即目的分析、方式选择和策略组合。

（1）目的分析

直播对于企业或品牌而言只是一种营销手段，因此企业或品牌的直播营销绝不是单纯的线上才艺表演或互联网游戏分享，策划人员要综合商品特色、目标用户、营销目标提炼出直播营销的目的。

（2）方式选择

在确定直播目的后，策划人员要根据企业或品牌的调性，在名人营销、稀有营销、利他营销等营销方式中选择一种或多种方式进行组合。

（3）策略组合

在选择好营销方式后，策划人员要对场景、商品、创意等模块进行组合，设计出最优的直播策略。

5. 撰写直播脚本

直播活动是一个动态的过程，涉及的因素有很多，如人员配合、商品展示、场景切换、促销活动等，任何一个环节出错都有可能导致直播失败。因此，直播团队要在直播活动开始前撰写一份直播脚本，详细规划直播活动的各个环节，并使其具有较高的可行性。

6. 选择商品

直播团队要根据用户需求和喜好来选择商品，同时尽可能紧跟热点，挑选极有可能成为爆款的商品进行主推。另外，直播团队还要考虑自己的运营能力，要选择自己比较了解的商品，这样有利于挖掘商品卖点，打造爆款商品。

7. 确定直播时间

粉丝量较多、成交额比较可观的带货主播一般保持着较高的开播频率，如每周开播3次，每次直播时长不少于3个小时，有的主播甚至做到了每天开播。

为了增强用户黏性，主播要确定自己的开播频率和开播时间。在刚开始做直播时，如果不了解用户的活跃时间，主播可以多尝试几个时间段，直到找到直播效果最好的时间段，然后将其固定下来作为自己的直播时间，同时不要轻易调整，以便于培养用户的观看习惯，形成较稳定的用户群体。

8. 直播执行

为了达到预期的直播营销目的和效果，直播团队要尽可能地按照直播营销策划方案执行，将直播开场、直播互动、直播收尾等环节顺畅地推进，确保直播的顺利完成。

直播过程中主播要做的事情，如表5-5所示。

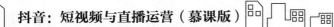

表5-5　直播过程中主播要做的事情

主播要做的事情	具体事项
强调商品卖点	主播要强调商品的卖点和优势，击中用户的痛点
突出商品性价比	大多数用户愿意在直播间购买商品就是因为直播间的商品价格低、赠品多、性价比高。因此，在开播初期，直播间为了吸引流量，要多推出一些特价商品并举办优惠活动，用特价吸引用户，用福利将用户转变为自己的粉丝
多送奖品福利	为了吸引用户，提高转化率，主播可以多准备一些奖品，开展抽奖活动，或者以送福利的形式将奖品送给用户。为了提高用户参与活动的积极性，这些奖品要具有较高的性价比，迎合用户的喜好
及时引导和答疑解惑	为了让用户详细了解商品的功能、特性和优点，主播要反复展示商品，耐心讲解，及时答疑解惑，适时营造促销氛围，引导用户尽快下单
提高商品曝光度	主播要在镜头前展示商品，让用户看到商品的各个细节，以增加对商品的了解。因为直播带货是通过镜头展示商品，视野比较狭窄，展示商品的空间较小，所以主播一般会把手放在商品后面做背景，拉近镜头给商品特写，全方位展示商品细节，提高商品的曝光度
上链接	上链接的目的是进行商品转化，方式有两种：一是主播介绍完商品后再上链接；二是主播提前把所有链接都发布出去，在直播时告诉用户在哪个链接购买相应的商品。第一种适合粉丝量较多的主播，第二种适合粉丝量较少的主播

9. 做好二次传播

直播结束并不意味着直播活动的结束，直播团队要将直播涉及的图片、文字、视频等进行再次包装和加工，通过各种渠道进行二次传播，为下一次直播活动预热，实现直播效果的最大化。

10. 直播复盘

直播结束后，直播团队要对直播活动进行复盘，总结本次直播活动的成就与不足，汲取经验，总结教训，提升技能，为下一次直播活动提供优化数据或策划参考。在直播复盘时，数据是至关重要的。直播复盘需要用到的数据包括直播销售额、直播转化率、直播用户留存率、直播互动数据、页面浏览量、直播间总人数等。

活动2　策划直播活动的内容

在正式直播前，直播策划人员要做好直播脚本策划。一场成功的抖音直播活动需要有一个逻辑严谨、清晰连贯的直播脚本进行指导。如果没有直播脚本，主播在介绍商品时很有可能会因为信息琐碎造成重点和卖点不突出，或者因为时间控制不当，导致介绍商品超时或过早结束。

在撰写直播脚本之前，直播策划人员要明确直播脚本的核心要素，包括明确直播主题、把控直播节奏、安排直播分工、引导直播互动，如图5-4所示。

直播脚本一般以一场完整的直播活动为单位，或者以单品解说为单位，因此在撰写直播脚本时，直播策划人员可以撰写整场直播脚本和单品直播脚本。

明确直播主题
直播要围绕中心主题来进行，如果直播内容与主题不相符，会有"标题党"之嫌，而且粉丝很难理解传达的核心信息，导致其反感，造成粉丝流失

把控直播节奏
把控直播节奏就是规划好直播时间，确定每个时间段要直播的内容，控制直播的发展方向，优化直播的流畅度

安排直播分工
直播的各个流程和环节需要直播团队的配合，所以在直播脚本上要备注好每个团队成员的工作安排和职责，这样能够提高效率，还能培养团队成员之间的默契

引导直播互动
直播脚本要提前规划好直播互动的时间段，如优惠、游戏、抽奖等，一般抽奖活动是直播互动环节的高潮，合理利用互动环节能有效提升直播的转化率。除此之外，还可以和用户进行情感互动、故事性互动等，增进彼此的感情

图5-4　直播脚本的核心要素

1. 整场直播脚本

整场直播脚本是对整场直播活动的内容与流程的规划与安排，重点是规划直播活动中的玩法和直播节奏。整场直播脚本的要点，如表5-6所示。

表5-6　整场直播脚本的要点

直播脚本要点	说明
直播主题	从用户需求出发，明确直播主题，避免直播内容没有营养，确保直播内容不偏离主题
直播目标	明确直播要达到的目标，一般是数据上的具体要求，如观看量、点赞量、进店率、销售额等
直播时间	明确直播开始和结束的时间，严格按照直播时间进行直播
直播人员	注意各个人员的分工及职能上的相互配合。例如，主播负责引导关注、介绍商品、解释活动规则；副播负责互动，回复问题，发放优惠信息等；后台/客服负责修改商品价格，与用户沟通转化订单等
注意事项	说明直播中需要注意的各种事项
直播流程	直播流程的细节要很具体，详细说明开场预热、商品讲解、优惠信息、用户互动等各个环节的具体内容及如何操作。例如，什么时间讲解第一款商品，讲解多长时间，抽奖时间等

表5-7所示为一份整场直播脚本示例。

表5-7　整场直播脚本示例

直播活动概述	
直播主题	化经历为动力，一个作者的成书之路
直播目标	吸粉目标：吸引5万用户观看；销售目标：从直播开始至直播结束，直播中推荐的文学书籍销售额达到10万元
直播时间	2023年6月6日，20:00 — 23:00

续表

直播活动概述			
直播人员	主播、副播、后台/客服		
注意事项	（1）丰富直播间互动玩法 （2）不同商品配合专属场景，把控直播节奏 （3）注意及时回复用户的提问，多与用户互动，避免直播冷场 （4）尽快熟悉商品信息，辨别不同系列的商品特征		

直播流程			
时间段	流程安排	人员分工		

时间段	流程安排	主播	副播	后台/客服
20:00 — 20:10	开场预热	自我介绍，暖场互动，介绍截屏抽奖规则，引导用户关注直播间	演示参与截屏抽奖的方法；口头回复用户的提问	向粉丝群推送开播通知；收集中奖信息
20:10 — 20:20	活动剧透	剧透今日新书、主推款书籍，以及直播间优惠力度	补充主播遗漏的内容	向粉丝群推送本场直播活动
20:20 — 20:50	讲解商品	分析阅读文学书籍的意义，讲解文学书籍的内容	配合主播演示文学书籍的封面、内页，引导用户下单	在直播间添加商品链接；弹出优惠券链接；回复用户关于订单的提问
20:50 — 21:10	互动	为用户答疑解惑，与用户互动	引导用户参与互动	收集互动信息
21:10 — 21:30	讲解商品	讲述文学书籍作者创作的经过和作者的经历，说明作者的个人经历与其创作之间的关系并讲解下一款新书	配合主播演示文学书籍的新版式和创新之处，引导用户下单	在直播间添加商品链接；弹出优惠券链接；回复用户关于订单的提问
21:30 — 21:45	福利赠送	向用户介绍抽奖规则，引导用户参与抽奖	演示参与抽奖的方法	收集抽奖信息
21:45 — 22:10	讲解商品	讲解第三款文学书籍，这一款是主推款，重点讲解书籍的版式、价格、内容、作者趣闻、开本等信息，强调价格实惠和内容价值	配合主播演示书籍的阅读场景	在直播间添加商品链接；弹出优惠券链接；回复用户关于订单的提问
22:10 — 22:50	商品返场	对三款文学书籍进行返场讲解	配合主播讲解文学书籍；回复用户的提问	回复用户关于订单的提问
22:50 — 23:00	直播预告	预告下一场直播的时间、福利、书籍名称等	引导用户关注直播间	回复用户关于订单的提问

2. 单品直播脚本

单品直播脚本是围绕单个商品设计的直播脚本。在一场直播中，主播会向用户推荐多款商品，主播必须对每款商品的特点和优惠措施有清晰的了解，才能更好地将商品的亮点和优惠活动传达给用户，激发用户的购买欲望。

为了帮助主播明确每一款商品的卖点，熟知每一款商品的福利，直播策划人员要为直播中的每款商品都撰写一个直播脚本。

单品直播脚本主要包括品牌介绍、商品卖点、直播利益点和直播时的注意事项等要点，如表5-8所示。

表5-8 某品牌的单品直播脚本

项目	商品宣传点	具体内容
品牌介绍	品牌理念	××商品，放心品质
商品卖点	商品名称	电动文具5件套
	商品卖点	（1）材质好：电动卷笔刀采用合金钢刀芯，切削表面光滑，不易断芯滚刀，切削省力 （2）小巧实用：桌面清洁器小巧实用，有强劲风力，可快速清洁桌面、座椅、键盘等，吸除橡皮屑、毛发、灰尘 （3）方便放心：电动橡皮擦小巧轻便，放心使用 （4）量大实惠：每盒50枚橡皮擦替芯，经济实惠，质地柔软，擦除干净，适配电动橡皮擦
直播利益点	"11.11"特惠	今天在直播间购买此款电动文具5件套可享受"11.11"特惠，下单备注主播名称即可
	留人福利	（1）直播间满5000人抽奖 （2）整点抽奖 （3）不定时推出优惠券 （4）问答抽奖
直播时的注意事项		（1）在直播进行时，直播间界面显示"关注店铺"卡片 （2）引导用户分享直播间、点赞等 （3）引导用户加入粉丝群

活动3 搭建与布置直播间

直播间相当于一个门面，搭建与布置有特色的直播间更容易吸引用户的注意，提升用户对直播间的关注度，从而停留在直播间，进而提升销售转化率。搭建与布置直播间需要做的事项包括规划直播场地、划分场地区域、布置直播间的环境和布置直播间的灯光等。

1. 规划直播场地

直播场地是直播中非常重要的因素，一个良好的直播场地可以带来稳定的直播效果，提升用户的观看体验和购物体验。

直播场地分为室内直播场地和室外直播场地。直播场地不同，规划的要点也不同。

（1）室内直播场地

常见的室内直播场地有办公室、会议室、工作室、门店、住所等，如图5-5所示。一般来说，规划室内直播场地要注意以下事项。

- 空间适宜。室内直播场地的空间大小要根据直播的内容进行调整，层高要保证给顶光留下足够的空间，同时不会导致环境光发散、话筒不易收音等问题。当直播商品较多时，可以为待播商品、桌椅、黑板等道具和其他工作人员预留空间。
- 环境安静。室内直播场地的隔音效果要好，以避免杂音干扰；要有较好的收音效果，以免在直播中产生回音。
- 光线充足。室内直播场地的光线要充足，保证直播画面的真实感和美观度，如果直播场地比较封闭，就要借助灯光设备补充光线，提升直播画面的效果。

（2）室外直播场地

常见的室外直播场地有商品室外产地、室外打包场所、露天集市等，如图5-6所示。室外直播场地适合体积较大的商品，或者展示生产、采购等现场，让用户近距离感受采购、加工、包装、发货等过程，使用户有一个沉浸式体验，从而提高对商品的信任度。

图5-5　室内直播场地　　　　　图5-6　室外直播场地

规划室外直播场地一般要注意以下事项。

- 考虑天气因素。室外直播一般选择在晴朗的天气进行，同时做好应对下雨、刮风等天气的预防措施，以免因为遭遇恶劣天气导致直播中断或延期。直播团队可以提前设计室内直播的备用方案。
- 限制场地范围。室外直播要限制室外场地的范围，以便主播将更多的精力放在商品讲解和与用户的互动上。
- 保证场地环境美观。室外直播场地的环境要干净、整洁，使用户在观看直播时保持舒适的心情。室外直播场地中不宜出现过多的围观人群或闲杂车辆。

2. 划分场地区域

一般来说，直播场地以室内直播间为主。个人主播所需的直播间场地面积一般为8~15平方米，直播团队所需的直播间场地面积一般为20～40平方米。直播间场地的面积也会与直播商品的类型有关，如果是美妆直播，10平方米的小场地即可，而穿搭、服装类的直播就需要15平方米以上的场地。

对于直播团队来说，室内直播间的区域一般包括直播区、商品摆放区、后台区和其他区域，不同区域的面积和作用如下。

- 直播区。这是主播直播的区域，用来展示直播场景和道具，推荐商品。个人或商家可以根据直播商品的体积灵活调整场地面积，如3～5平方米。
- 商品摆放区。这个区域可以放置需要讲解的直播商品样品，当商品数量较多时，可以用货架或柜子将其分门别类地放置。个人或商家可以根据直播商品的体积和数量灵活调整场地面积，如8～10平方米。
- 后台区。这是幕后工作人员的工作区域。个人或商家可以根据幕后工作人员的数量和所需设备灵活调整场地面积，如3～5平方米。
- 其他区域。这些区域可以作为主播的试衣间、化妆间等，也可以放置直播设备、道具等。个人或商家可以根据实际需要灵活调整场地面积，如3～5平方米。

3. 布置直播间的环境

直播间的环境布置将直接影响用户的观看体验，布置一个令人赏心悦目的直播间环境往往可以快速引起用户的观看兴趣。抖音直播间的特色一般是精致、有高级感，给用户以"橱窗""专柜"的感觉。

总体来看，布置直播间的环境要遵守以下原则。

（1）直播间干净、整洁

不管选择何处作为直播间，主播都要保证直播间的干净、整洁，一个脏乱的直播间会让用户的好感瞬间消失。因此，主播要在开播之前将直播间整理干净，把各种物品摆放整齐，打造一个干净、整洁的直播间环境。

（2）环境布置要与主播格调一致

主播格调是指主播的妆容、服装风格等。如果直播间内的环境布置与主播格调一致，就能让直播画面在整体上看起来更和谐、统一，给用户带来浑然一体的感觉。

（3）放置配饰作为点缀

在直播间放置一些别具一格的配饰作为点缀，可以增强直播间的活力，让用户对主播有更多的了解，找到更多的话题。例如，主播可以在置物架上摆放一些书籍、摆件等，一方面可以突出主播的品位和个性特征，另一方面可以增加直播间的背景色调，使直播间的视觉效果更好。在摆放配饰时，主播要合理安排其位置，切忌使直播间显得过于杂乱。

（4）摆放商品和宣传物料

在电商直播中，商品是直播的主角之一，食品、珠宝首饰、化妆品等小件商品一般摆放在主播面前的陈列台上，让用户一进入直播间便可以了解主播的主推商品。例如，某食品店铺的直播间内，主播面前摆放的都是糕点食品，用户一进入直播间就可以看到正在讲解的食品，如图5-7所示。如果是可拆开包装的小件商品，主播可以把包装拆开，直观地展示商品的款式、色泽等细节。如果是服装等大件商品，就要陈列在主播的身后或两侧。

宣传物料的类型比较丰富，包括黑板、白板、电子屏、海报、贴纸、胸卡、气球等一系列用于展示文字、图片信息的道具。例如，在某抖音直播间，主播在介绍的商品上粘贴了贴纸用于介绍商品的价格，如图5-8所示。

在电商直播中，主播要在直播间摆放很多样品，为了让直播间看起来更干净、整洁，可以利用一些置物架、衣架将样品摆放整齐，按顺序推荐给用户，如图5-9所示。置物架的数量要根据直播间的空间大小来确定，如果直播间的空间较小，置物架的数量不宜过多，以免使直播间显得过于拥挤。

图5-7　摆放的商品

图5-8　贴纸

图5-9　置物架

（5）放置背景布

如果想要节约直播间的装修成本，或者直播间装修达不到心理要求，这时主播可以使用背景布。质地优良的背景布搭配合适的灯光，可以形成较强的立体感，使直播间的环境更加逼真。在使用背景布时，主播与背景布的距离要适当，距离太近就会让用户觉得背景布对主播有一种压迫感，距离太远则显得不真实。

4. 布置直播间的灯光

布置直播间的灯光也非常重要，灯光可以营造氛围，塑造直播画面的风格，还能修饰主播的面容，使主播看起来更好看。

按照光线造型的作用来划分，直播间的灯光分为主光、辅助光、轮廓光、顶光和背景光，如表5-9所示。

表5-9　直播间的灯光

灯光类型	说明	备注
主光	主光是主导光源，决定着画面的主调，可以让主播的脸部均匀受光。在确定主光后，才能根据需要添加辅助光、轮廓光和背景光	主光应该正对着主播的面部，与镜头形成0°～15°的角，使得主播面部的光线充足、均匀，但看上去比较死板，缺乏立体感

续表

灯光类型	说明	备注
辅助光	辅助光是从主播侧面照射过来的光,可以增加主播整体形象的立体感,使主播的侧面轮廓更突出	从主播左前方45°方向照射过来的辅助光可以使主播的面部轮廓产生阴影,从而突出主播面部轮廓的立体感;从主播右后方45°方向照射过来的辅助光可以增强主播右后方轮廓的亮度,并与主播左前方方向的灯光形成反差,提高主播整体造型的立体感
轮廓光	又称逆光,在主播身后放置,形成逆光效果,可以明显地勾勒出主播的轮廓,使其从直播间的背景中分离出来,使主播的主体形象更加突出	轮廓光有很强的装饰作用,可以在主播的周边形成一条亮边,形成视觉上的美感效果。主播要注意调节光线的强度,以免轮廓光过亮使主播前方的画面显得昏暗
顶光	顶光是次于主光的光源,从主播的头顶位置进行照射,给背景和地面增加照明,拉长主播颧骨、下巴、鼻子等部位的阴影,使主播的面部有更重的投影感	顶光有利于塑造主播的轮廓造型,强化主播的瘦脸效果。一般顶光的位置距离主播的头顶要在2米以内
背景光	又称环境光,是主播周围环境及背景的照明光线,可以烘托主体或渲染气氛,使直播间的亮度尽可能和谐、统一	由于背景光最终呈现的是均匀的灯光效果,所以在布置背景光时要采取低亮度、多光源的方法

 ## (任务四) 抖音直播活动的执行

做好直播前的一系列筹备工作后,接下来就是正式执行直播活动。直播团队在执行直播活动时要细心、仔细,既要按照规划的流程进行,又要随机应变,灵活处理,以保证直播活动的顺利进行。

活动1 实施直播活动推广引流

直播活动的推广引流分为直播之前的预热引流、直播过程中的推广,以及直播后的推广。

1. 直播之前的预热引流

直播预热引流的效果可以影响直播间的权重,继而影响直播间的后续观看量。抖音直播预热引流需要利用很多平台,如短视频平台、社交平台、企业官网和线下实体店等。

(1)短视频平台

短视频预热是较常见、较有效的直播预热引流方式之一,抖音主播一般要在开播前3个小时发布短视频进行预热引流。

短视频预热引流主要有5种类型,包括短视频植入预告、福利引导、纯预告、发布直播片段、账号主页预热。

- 短视频植入预告:主播可以在发布的短视频结尾植入预告信息,相当于广告植入,使用户在看短视频时很自然地了解到直播时间和直播主题,形成深刻的印象,如图5-10所示。

- 福利引导：主播可以在抖音短视频中曝光福利，如在直播间抽奖，或者促销力度特别大，这样可以引发用户的兴趣，使其产生强烈的好奇心，从而在预定的时间进入直播间，如图5-11所示。
- 纯预告：纯预告是指主播真人出镜，向用户通知具体的直播时间和直播主题，如图5-12所示。这种形式可以给用户更真实、更贴近的感觉，使用户备感亲切。

图5-10　短视频植入预告　　　　　图5-11　福利引导　　　　　图5-12　纯预告

- 发布直播片段：如果上一场直播发生过一些有趣的事情，主播可以将其做成短视频并发布，使用户对直播内容充满兴趣，从而产生观看下一次直播的想法，如图5-13所示。
- 账号主页预热：主播可以在抖音账号的个人主页、账号昵称和账号简介处编辑直播预告，告知直播时间和直播主题，让粉丝在预定时间观看直播。例如，某抖音主播在自己的抖音账号和账号简介中添加直播时间，告知粉丝自己的具体直播时间，如图5-14所示。主播还可以在账号主页设置并修改直播公告，当用户访问主页时，能随时在直播动态栏看到直播公告，并点击"预约"进行预约。

　　在预告直播时，抖音与快手有一点显著的差异，快手主播在预热时一般会一次性放出全部直播商品，然后根据粉丝点赞互动的数据来预判爆款；而抖音主播不会把直播商品大撒网式全部剧透，而是挑选几个主推款拍摄更为精美的预热引流短视频。

　　（2）社交平台

　　社交平台拥有庞大而活跃的用户群体，主播要认识到这一点，充分利用社交平台进行直播预热。常用的社交平台包括微信和微博。

- 微信：主播可以通过两种形式在微信发布直播预告，包括发布朋友圈和发布微信公众号文章。主播可在朋友圈宣传直播间并告知直播时间和直播主题，设置转发福利，如"转发这条信息到朋友圈，凭借截图可领取5元代金券"。主播也可在微信公众平台发布微信公众号文章，以长文案的形式发布直播预告，插入贴片、海报，清楚地说明直播时间和直播主题。例如，抖音美妆达人"骆王宇"在其微信公众号"骆言骆语"进行直播预告，微信公众号文章中会用图片形式告知具体的直播时间、直播商品、直播主题，如图5-15所示。

图5-13　发布直播片段

图5-14　账号主页预热

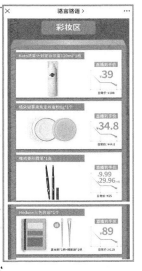

图5-15　利用微信公众号文章预告抖音直播

- 微博：微博用户量多，信息的覆盖范围广、传播力度大。微博是一个开放的平台，任何活动都可以在微博上全方位地传达。主播可以在微博发布直播预告，在短时间内将直播时间、直播主题、直播的亮点告知粉丝，引起粉丝的热烈讨论，凭借微博的裂变式传播，加上粉丝的支持和转发，直播间的流量会急速增加，提升直播预热引流效果。例如，一加手机就在官方微博预告抖音直播的时间和商品，如图5-16所示。

图5-16　利用微博预告抖音直播

（3）企业官网

企业官网是企业为了在网上进行企业宣传，节省宣传成本并增加宣传手段而建立的官方网站。企业官网可以进行新闻发布、口碑营销、商品展示等，是企业面向社会的重要窗口，也是用户了解商品的重要途径。

因此，主播和企业合作推销商品时，可以利用该企业的官网进行直播预热引流，这样不仅能够吸引更多用户关注自己的直播间，还能借助企业官网证明自己所销售商品的真实性，赢得用户的信任。

（4）线下实体店

当主播所在公司拥有线下实体店或者与线下实体店合作时，也可以在线下实体店中进行直播预热引流。

在利用线下实体店为直播做预热引流时，主播可以从两个方面入手。

- 店外展板：主播可以在实体店的店外设置包含直播信息的展板，突出直播的重点内容，让用户在看到展板时的第一眼就可以看到与直播相关的重点内容，如主播所在的直播平台、直播房间号、具体的直播时间，以及观看直播可能会获得的惊喜福利等。

- 店内宣传：主播可以叮嘱实体店内的店员，让他们在用户结账时向用户宣传直播信息。例如："您好，为了回馈新老顾客，店长会在明天晚上在抖音直播平台开启直播，直播间中的商品会有更优惠的价格。"用户在听到价格更加优惠时，会按捺不住好奇心来观看直播。

2. 直播过程中的推广

如果抖音直播间的人气不高，主播可以付费使用"DOU+直播上热门"功能。该功能可以助力直播间迅速上热门，增加直播商品的曝光率。在直播过程中，主播可以根据实时数据选择定向投放。

要想高效地投放DOU+，主播要先想清楚投放的目的是涨粉还是带货，在明确目的之后再选择合适的维度。为直播间投放DOU+主要是提升用户进入直播间后的互动数据，包括"给用户种草"、用户互动、直播间涨粉、直播间人气等，"给用户种草"这一选项只出现在带货直播中。

直播加热方式有两种，分别是直接加热直播间和选择视频加热直播间。主播尽量使用直接加热直播间这一方式，其优势在于用户进入直播间以后无法进行上滑操作，只能点击"关闭"按钮才能返回推荐页面，这就提升了用户的转化率。

除了付费推广以外，主播也可以在直播时将直播间分享给各大平台，多渠道推广直播间，或者增加互动，号召直播间的用户转发分享直播间，增加直播间的流量。

3. 直播后的推广

直播结束并不意味着整个直播活动的结束，在直播结束后，直播策划人员可以将直播过程中的精彩片段做成短视频，在各大平台进行二次传播，最大限度地扩大直播的传播效果。

为了保证直播活动的二次传播效果，直播策划人员要先明确二次传播的目标，如提高品牌的知名度、美誉度、商品销量等，并与商家制订的整体市场营销目标相匹配。

直播后的推广形式主要有短视频和软文两种，直播策划人员可以单独使用其中一种形式，也可以将两种形式结合起来使用。

直播策划人员可以把录制的直播画面进行整理，删除没有价值的画面，选取关键的直播画面做成短视频，为短视频添加旁白、解说，这些关键的直播片段可以是有趣、温暖人心、有意义的内容，主要发布在抖音平台上，也可以发布在微博上。

直播策划者可以将直播活动的细节撰写成软文，发布在相关媒体平台上，用图文描述的形式向用户分享直播内容。直播软文内容可以从分享行业资讯、观点提炼、分享主播经历、分享体验和分享直播心得等角度切入。

活动2　运用直播话术

直播话术是指主播根据用户的期望、需求、动机等，通过分析直播商品所针对的用户群体的心理特征，运用有效的心理策略组织设计的高效且富有深度的语言。直播话术是对商品特点、功效、材质的口语化表达，是主播促成商品成交的关键，也是吸引用户在直播间停留的关键。

直播话术是影响直播带货转化率的关键因素，很多新人主播在直播前没有做好话术上的准备，在直播时就容易卡壳、冷场，影响直播效果。

运用直播话术时，主播要遵循以下基本要求，如表5-10所示。

表5-10　运用直播话术的基本要求

基本要求	说明
通俗易懂，有感染力	主播的直播话术要通俗易懂，同时配合丰富的肢体语言、面部表情等，使主播的商品介绍与讲解充满感染力，把用户带入主播所描绘的场景中
灵活运用，适度表达	主播要活学活用，特别是面对用户提出疑问时，要慎重考虑后再做回应。主播运用话术的关键是懂得随机应变。凡事要把握好度，不能张口即来，如果主播在说话时经常夸大其词、不看对象、词不达意，都容易引发用户反感

基本要求	说明
内容规范，符合要求	直播话术要符合相应的法律、法规。主播在介绍商品时不能使用违规词，更不能夸大其词、虚假宣传；要避开争议性词语或敏感性话题，以文明、礼貌为前提传递信息
趣味性强，形象生动	直播话术要有较强的趣味性，能够传递出形象、生动的商品信息，使用户更有参与感，更愿意留在直播间。主播可以通过观看、学习脱口秀节目或娱乐节目中主持人的说话方式来锻炼自己的幽默思维，从而提升直播话术的趣味性
态度真诚，激发共鸣	主播不能单纯地讲解商品，也不能一味地讨好用户，而应该本着与用户交朋友的原则，用真诚的态度和真挚的语言来讲解商品。真诚的态度更容易激发用户产生情感共鸣，有助于拉近主播与用户之间的距离

按照直播活动的一般流程，直播话术可分为开场话术、互动话术、商品介绍话术、促进成交话术、直播结束话术等。

1. 开场话术

主播在直播开场时首先要进行自我介绍，态度要真诚，说明自己的身份，是一个什么样的主播。例如："欢迎大家来到我的直播间，我是一名带货主播，最近刚刚入行，还有很多要学习的地方，一开始直播就能获得大家的关注，十分感谢，有做得不好的地方还请见谅，有你们的包容和支持，相信我会做得越来越好！"

如果刚开播不久，直播间人数不多，主播要尽量对每一个新进入直播间的用户表示欢迎，说出用户的账号名称，让用户知道他得到了主播的关注。例如："欢迎×××来到直播间，你的名字听起来很好听，很文雅，有什么含义吗？"

主播要说明本场直播的主题，并告知用户可以获得的利益，如福利、价格优惠等，在一开始就刺激用户的购买欲望。例如："今晚只要在直播间下单购买商品，我们就送一款样式新颖的太阳镜。咱们的服装都是正品，质量好，版型正，价格实惠，值得入手。希望大家不要错过机会哦！"

主播在开场时可以热情地与用户互动，引导用户点赞、留言，从而增加直播间的人气。例如："欢迎大家来到我的直播间，喜欢主播的可以在上方点个关注，点一点小红心。"

互动的方式有很多种，抽奖也是一种十分有效的暖场方式，可以利用利益吸引用户参与互动，提升直播间的氛围。例如："话不多说，正式开播前先来一波抽奖，请大家在评论区输入口号'×××'，我随机截屏5次，每一次截屏的第一位朋友都能获得100元现金红包。"

2. 互动话术

主播不能在直播间自顾自地说话，而要与用户互动，留意评论区，及时回答用户的提问，让用户感觉到主播的贴心，从而提升直播间的用户留存率。例如，用户问"有我合适的服装吗？"主播可以回复："主播的身高是165厘米，体重50千克，穿S码，你可以看一下我身后的信息牌，上面有对应的尺码，你可以选择合适的尺码下单。"有时用户可能会反复提出相同的问题，主播在回答用户的提问时要有耐心，态度真诚。

除了回答用户的提问外，主播还可以引导用户参与互动，如评论、点赞、点击购物车或商品、加入粉丝团等，尤其是评论互动，主播可以通过若干方式来引导用户有效互动，如表5-11所示。

表5-11　引导用户评论互动的方式

方式	说明	话术举例
提问式	问题的答案只能是肯定的或否定的，用户用几个字就可以表明观点	"刚才我教大家在20秒内画好眼线，大家学会了吗" "大家见过这个品牌的口红吗"
选择式	主播通过抛出选择题引导用户迅速参与互动，并从中获得反馈	"想要第一款的在评论区打出'1'，想要第二款的打出'2'" "刚才我介绍的这款商品，大家觉得好看的请打出'1'，觉得不好看的打出'2'"
刷屏式	引导用户参与互动并发言，让新来的用户感受到直播间的活跃度，产生对直播内容的好奇心	"想要这款商品的朋友请在评论区打出'想要'两个字，我看有多少人想要" "今天有一位神秘嘉宾来到直播间，大家可以在评论区打出他的名字"

3. 商品介绍话术

商品介绍话术是指主播在展示商品的过程中，介绍商品优势和卖点的话术。商品介绍话术是直播中最能影响转化率的话术。主播在介绍商品时要注意以下几点。

（1）多维度介绍商品

主播可从商品的功效、成分、材质、价位、包装设计、使用方法、使用效果、适用人群等多维度介绍商品，话术要专业，这就要求主播提前对商品有足够多的了解，同时准备好单品直播脚本。例如："我现在穿的这套工装裙是羊毛针织裙，而且是灯笼袖，这种款式适合多种体形，也适合上班时穿。"

（2）营造场景感

主播可以使用比喻句来描述商品特征，为用户编织一个想象中的画面，富有场景感的描述可以使用户身临其境。例如，"躺在这款沙发上，身体陷入轻柔的布料中，就好像自己是一个没长大的孩子投入母亲的怀抱，是那么的放松，连空气中都有一丝清甜的香味。"

在设计商品介绍话术时，主播可依据FABE法则。FABE法则是指主播在讲解商品时通过4个关键环节，巧妙地处理好用户关心的问题，从而顺利地实现商品的销售，如表5-12所示。

表5-12　使用FABE法则介绍商品

FABE法则	说明	话术举例
属性（Feature）	商品的材质、成分、工艺、采用的技术等	"这个品牌的榨汁机采用了声源降噪和自动清洁技术，大家可以自由选择0.3～1L容量的类型"

续表

FABE法则	说明	话术举例
优势（Advantage）	由属性决定的该商品所具有的不同于竞品的优势	"它的优点是超级静音，解放双手，可以满足家庭的多种料理需求"
益处（Benefit）	由属性和优势决定，指商品可以给用户带来的利益	"以前的豆浆机在榨汁时声音特别大，十分扰民，这款榨汁机和以前的完全不一样，在榨汁时几乎不发出声音，可以使您享受静谧、轻松的休闲时光。如果喜欢在早上自己做豆浆，可以使用这款榨汁机"
证据（Evidence）	证据主要有成分列表、专利证书、商品实验、销量评价、行业对比、权威背书等	"接下来我就给大家现场演示一下如何做一杯新鲜的豆浆。（现场试验完毕）请看，榨出来的这杯豆浆多么纯净，几乎没有渣滓，而且榨汁时声音很小，不仔细听是听不到的"

4. 促进成交话术

到了成交阶段，很多用户可能还没有消除心中的疑虑，所以会犹豫不决，迟迟没有做出下单的动作。要想打消用户的疑虑，刺激用户快速做出购买决策，主播可以按照以下几个方面来做，如表5-13所示。

表5-13 促进成交话术

做法	说明	话术举例
建立信任感	用户无法接触直播间的商品，只能通过主播的介绍和描述来了解商品，因此主播要从专业角度进行讲解，并提供商品的各项证明，使用户了解商品的品质和口碑，建立对商品和主播的信任感	"这款风格简约的文具在我们直播间只卖39元还包邮，目前为止已经卖出10万份。我们的网店评分是4.9分，好评率达99%"
介绍优惠政策	商品的优惠政策可以突出商品的高性价比，激发用户的购物热情	"这款商品今天在直播间7折促销"
设置价格锚点	用户并不是真的为商品的成本付费，而是为商品的价值付费。因此，主播要善于为商品设置价格锚点，用对比价格影响用户对商品最初价格的评估	"京东旗舰店的价格为79.9元1瓶，朋友们，今天晚上我给大家的价格是买2瓶直接减80元，相当于第1瓶79.8元，第2瓶不要钱，我再送大家1瓶雪花喷雾，这1瓶也要卖79.9元的"
营造紧迫感	主播可使用催单话术来激发用户的购买欲望。催单话术的关键是营造促销的氛围，增加用户的紧迫感，给用户发出行动指令，让他们认为现在不买就再也没有这个机会了	"这款商品原价是138元，为了回馈大家的厚爱，现在只要79元，喜欢这款商品的朋友请不要再犹豫了，错过今天就只能按照原价购买了"

5. 直播结束话术

在直播结束时，主播要友好、礼貌地与用户告别，感谢用户的观看和支持，并预告下一场直播的时间、商品和福利，甚至直接告知用户某款商品具体的上架时间。

常见的直播结束话术如下。

"时间过得好快，我马上就要下播了，最后再和大家说一下，下次直播我会带来大家最想要的×××，优惠力度很大，不要忘了准时来我直播间哦！"

"谢谢大家的陪伴，我就要下播了，希望大家都能在我的直播间买到喜欢的商品。还没点击关注的请点击上方的关注按钮，明天晚上8点咱们不见不散！"

"大家还有什么想要的商品，可以在粉丝群留言，我会为大家认真选品，在下一次直播时推荐给大家。"

活动3 管理直播用户

为了增强抖音直播间的用户黏性，加深用户对主播的信任感，主播不仅要注重商品的质量，还要管理用户，积极、热心地与用户互动，提高用户留存率，而这是用户运营的关键目标。

用户运营的主要环节是引导用户加入粉丝群，并在不断增加粉丝数量后通过各种方式增强粉丝黏性。引导用户加入粉丝群的主要方式是加入粉丝团。用户在加入粉丝团以后可以受到主播更多的关注。粉丝团是粉丝和主播的专属组织，是见证粉丝与主播关系的重要功能。

加入粉丝团的步骤为：关注主播——点击直播间左上角的粉丝团按钮（见图5-17）——点击"加入粉丝团"（见图5-18）——支付入团费用1抖币。

图5-17　点击粉丝团按钮　　　图5-18　点击"加入粉丝团"

主播在引导用户加入粉丝团时，要提供远超入团费用的商品福利，并重点强调不加入粉丝团是无法获得这种福利的，以此来突出加入粉丝团的优势。除了物质福利，加入粉丝团后的精神福利也十分关键，包括获得粉丝团专属粉丝徽章、在评论时展示特殊的昵称颜色和特殊样式的评论内容、拥有特殊的进场特效，这样能够帮助粉丝获得主播的关注，增加与主播互动的机会。

另外，用户在加入粉丝团以后还可以获得粉丝团的专属福利，参与粉丝福利购，以优惠的价格买到最适合的商品，在提出问题时也会获得主播的优先解答。

在运营和管理粉丝团时，主播要使用各种技巧来增强粉丝黏性，如表5-14所示。

表5-14　运营和管理粉丝团的方式

方式	说明
打造人格化IP	树立正面形象，打造差异化人格，强化人格属性，进行人格化IP包装，这样更容易使粉丝产生亲近感，增强粉丝对主播的信任感和依赖感，促使粉丝为主播进行口碑宣传
创作优质内容	在运营粉丝团的过程中不断创作，持续为粉丝提供有价值的内容
粉丝分层	主要对粉丝进行分层运营，根据粉丝的购买习惯和特征为粉丝做标签，针对不同标签的粉丝分发适合其学习的内容
高效互动	主播要经常与粉丝团中的粉丝互动，可以定期举办粉丝活动，包括线上活动和线下活动，以提高粉丝的参与感，同时形成自己的特色，为品牌推广助力

活动4　应对直播中的突发事件

主播在直播过程中难免会遇到各种突发状况，这时主播不要惊慌，而是要灵活应对，寻找快速解决问题的办法。

直播中的突发事件主要包括技术故障、商品问题和直播氛围问题。

1．技术故障

技术故障属于客观因素造成的突发状况，如直播中断、画面卡顿、闪退等。此时，主播需要具体问题具体分析，并寻求解决办法。

- 直播中断。主播先检查直播间所使用的网络，如果是因为信号不稳定造成直播中断，主播就将直播间切换到信号稳定的网络。当然，最好为直播间单独配置一条网线。如果不是因为网络问题造成直播中断，就要考虑是不是直播中出现了违规内容被平台处罚了，主播可以登录直播间账号进行确认，然后根据具体情况寻找解决方法。
- 画面卡顿。造成直播画面卡顿的原因通常有两种，一是网络信号较差，这时主播可参考前面给出的方法来解决；二是直播设备配置较差，无法支持直播，这时主播需要更换配置更高的设备来支持直播。
- 闪退。导致闪退的原因可能是因为设备内容被其他程序占用，也可能是设备本身内存空间不足，主播这时可退出当前直播并再次登录。

直播间出现技术故障，会严重影响用户的观看体验，因此主播要向用户致歉，然后发红包进行弥补，同时增加和用户的互动，减少用户的不满。

2．商品问题

在直播过程中，商品问题中较为常见的有质量问题、价格问题、链接问题等，如表5-15所示。

表5-15　商品问题

问题	说明	解决对策
质量问题	因为主播未了解清楚商品的性能、质量，或者展示商品时操作失误而导致的问题	为了避免这些情况的出现，主播在选品过程中要选择有品质保障的商品，并试用商品，详细了解商品的各项信息、商品的使用方法等，保证能在直播中向用户全面、正确地展示商品的信息和性能
价格问题	主播向用户表明直播间内某款商品的价格低于该款商品线下专柜和线上旗舰店的价格，但是用户发现并非如此，产生不满	主播要先去核实，确认后站在粉丝这一边，以"不再合作"作为表态，强调对低价的坚持。主播还可以向直播间的粉丝做出承诺，在后续直播中或以短视频的形式做出澄清，讲清楚事情的来龙去脉，展示自己和品牌交涉、处理这件事的过程，以获得粉丝的谅解和信任
	用户支付的价格与主播在直播间内承诺的价格不符	这种情况多是因为用户未正确领取优惠券或使用红包导致的。主播可以再次向用户解释如何领取和使用优惠券、红包才能以直播间的价格购买商品，并展示领取和使用优惠券、红包的方法
链接问题	在直播过程中，上架至直播间的商品链接出错、失效，或者是商品链接中的价格、优惠券标注错误等	先将商品链接下架，告知用户不要购买，向已经下单购买的用户表示歉意，并为他们办理退款。与此同时，主播与品牌方进行沟通，修改商品链接，待商品链接修改好后再重新上架，并告知用户可继续购买。如果商品链接无法及时修复，主播可以直接将此款商品下架，并向用户解释原因，表示歉意，并继续后面的直播

3. 直播氛围问题

直播氛围问题主要包括情绪问题、态度问题和扰乱问题，如表5-16所示。

表5-16　直播氛围问题

问题类型	说明	解决对策
情绪问题	直播团队的人员构成和工种复杂，主播与用户、副播、商家等存在多条关系，直播现场出现任何消极互动都有可能导致用户的情绪波动，直播氛围不融洽	有经验的主播通常会以简短的几句话解释情况，并安抚用户的情绪，然后以专业的态度迅速投入对商品的介绍中，有时还会用发红包、抽奖等形式转移用户的注意力
态度问题	有时由于主播没有及时回复提问，或者主播的态度不好令用户不满	主播察觉到这一点后要耐心解释，同时增强与用户的互动，以获得用户的谅解
扰乱问题	有些用户会在直播间恶意辱骂、讥讽主播，扰乱直播间秩序	主播切忌与对方展开对骂，而是保持心平气和，把对方拉黑或禁言。如果情况特别严重，可以联系官方平台进行处理

课后实训：抖音直播策划和执行

1. 实训目标

进行抖音直播，掌握抖音直播内容策划与执行的具体操作。

2. 实训内容

5人一组，以小组为单位，分配好各自的职责，做好选品、定价与直播活动策划，然后实施直播推广引流，在直播过程中向用户介绍商品，与用户互动。

3. 实训步骤

（1）组建直播团队

小组5人，一人做主播，一人做副播，一人做运营策划，一人做场控和投手，一人做客服。

（2）进行直播定位和选品

明确主播人设定位和目标用户定位，选择适合的商品，熟悉商品知识，提前准备商品介绍的话术，同时确定商品的价格。

（3）做好直播活动策划

撰写直播脚本，对整场直播的流程和单品的讲解进行规划，做到心中有数。

（4）实施直播推广引流

直播之前在公域平台和私域平台对直播进行推广引流，吸引更多用户观看直播；直播过程中投放DOU+，并在其他平台分享直播间。

（5）管理直播过程

在直播过程中合理运用开场话术、互动话术、商品介绍话术、促进成交话术、直播结束话术等，同时积极与用户互动，增强直播用户黏性，活跃直播间氛围，并引导用户加入粉丝团，维护自己的私域流量。如果出现突发事件，小组成员要冷静处理，随机应变。

（6）直播后的推广

直播结束后，小组成员要将直播中的精彩片段做成短视频分享到其他平台，扩大直播的宣传效果。

（7）实训评价

进行小组自评和互评，写出个人心得和总结性评论，最后由教师进行评价和指导。

课后思考

1. 简述主播和副播的工作职责。
2. 直播活动的基本流程大致包括哪些环节？
3. 简述如何应对直播中的突发事件。

项目六

抖音直播的复盘

知识目标

1. 掌握直播复盘的基本思路和主要内容。
2. 掌握直播数据分析的基本步骤和主要指标。
3. 学会运用直播数据分析工具进行抖音直播复盘。

素养目标

1. 树立复盘意识，提升自我学习和自我反思的能力。
2. 在直播复盘的过程中培养细致、认真、仔细的工作态度。
3. 在熟悉业务的基础上不断培养和加深对数据的敏感度。

　　直播复盘是抖音直播中一个非常重要的环节，通过复盘，直播团队可以找到问题所在，在后续的直播中加以改进。然而，很多直播团队在做抖音直播时不具备系统的复盘思维，尤其是新手直播团队，每天开播全凭感觉，不通过复盘总结经验教训指导下一次直播，只能原地踏步。抖音直播快速发展的时代已经过去，如今拼的是精细化运营，因此在直播结束后进行细致的复盘是十分必要的。

任务一 初识直播复盘

要想使下一次直播的效果更好，运营人员就要在主播下播后进行直播复盘。直播复盘要求运营人员对所有数据分别进行对比，记录能够改进的地方，提醒直播团队在下一次直播时做出改进。为了提升直播复盘的效果，运营人员要了解直播复盘的基本步骤，掌握直播复盘的主要内容。

活动1　认识直播复盘的必要性

直播复盘是抖音直播中非常关键的环节，通过复盘回顾并不断优化抖音直播的整个过程，总结出该场直播中做得好的地方及做得不足的地方，然后在下一场直播中进行改进，优化每一场直播，从而获得更好的直播效果。

直播复盘的必要性主要体现在以下几点。

1. 找到适合自己的技巧

主播在进行抖音直播时会利用一些技巧和方法来达到事半功倍的效果，但这些技巧不是一成不变的，需要主播根据自己的特点，在抖音直播活动中慢慢探索。通过直播复盘，主播可以看到哪些技巧适合自己，从而积累经验，理顺工作流程，让直播过程更加顺利。

2. 纠正错误

主播有时难免会在直播过程中出现一些错误的行为，如直播时间控制不当、商品信息介绍不全、与用户产生争执等。复盘可以帮助主播对出错的地方进行改正和优化，杜绝再犯同样的错误，这样每次直播都会比上一次直播有所进步。

3. 将经验转化成能力

随着直播次数越来越多，在介绍商品、处理用户投诉、应对现场突发状况等方面，主播会积累一定的经验。但经验不等于能力，主播要坚持提升个人能力，实现自我成长。复盘就是这样一个学习的过程，主播可以通过复盘找到自己成功的原因，并将这些成功的原因应用到以后的直播中。需要强调的是，直播复盘不能等到发现问题以后才做，而是在直播结束就开始。

活动2　把握直播复盘的基本思路

要想有计划地进行直播复盘，运营人员首先要把握直播复盘的基本思路，了解直播复盘的基本步骤。直播复盘大致分为4步，分别是回顾目标、评估结果、分析原因、总结经验。

1. 回顾目标

做任何事情都要有计划和目标，以目标为导向。对于抖音直播来说，运营人员在设定初始目标以后，要及时回顾每次直播的目标是否达成，这样做不但可以检验设定的直播目标是否合理，而且在这个过程中能够不断总结和优化直播目标，使其更精准。

清晰、明确、有共识的目标是运营人员确立评估结果、分析差异的基准。但在实际操作过程中，很多直播团队要么目标不清，要么各个成员对目标的理解不一致，要么缺乏对实现目标的策略、办法与措施的整体规划，这些问题都有可能影响到直播效果。

为了解决这些问题，运营人员在回顾目标时可以按照以下3个步骤来进行。

（1）回顾目标是否合理

回顾目标是否合理可以参考SMART原则，如图6-1所示。

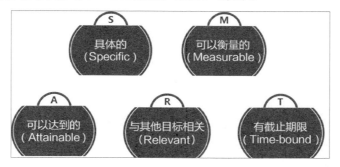

图6-1 SMART原则

目标具体，是指直播目标应为具体的数据，如"吸引5000个用户观看直播""销售额达到20万元"；目标是可以衡量的，是指在直播活动结束后可以通过后台数据衡量目标；目标是可以达到的，是指根据主播或直播团队的自身条件及使用的方法，完全有可能达到的直播目标，如主播拥有10万名粉丝，吸引2万名粉丝观看直播是可以达到的直播目标；直播目标与其他目标相关，是指直播目标要能够根据以往的直播数据推算出来；有截止期限，是指实现目标的时间期限应是具体的，如直播4小时内完成销售额10万元的目标。

（2）回顾方案是否有效

这一步是为了解决直播团队缺乏共识和缺乏具体规划的问题。一场直播活动通常由多人共同完成，每个人的分工不同，但最终目标是一致的。直播团队的成员在直播前要充分研讨，使大家的目标一致，以免发生矛盾、冲突和分歧。直播前，直播团队的成员要就实现目标的策略、行动计划进行周密的安排，制订可执行的方案，做出目标分解，并且将任务具体落实到个人，进而以此为标准进行原因分析。

（3）回顾设想的事情及应对措施

在直播过程中，突发状况数不胜数，所以运营人员要对直播过程中可能会发生的事情做出设想，事先制订应对措施。在复盘时，运营人员要回想当初设想的状况是否发生，是否有其他没想到的突发状况，当初计划的应对措施是什么，在实际直播过程中是否有效等。

之所以要回顾上述问题，是因为这些都会影响直播的最终效果，它们也是直播复盘过程中总结经验的关键点。

2. 评估结果

评估结果是指根据目标进行结果评估，看直播的结果是超出预期还是低于预期，找到结果与目标之间的差距。直播的结果一般有以下几种：超预期完成直播目标，取得优异成绩；顺利达成既定的直播目标；未完成直播目标且与直播目标存在较大差距。

评估结果不仅要发现结果与目标之间的差距，还要发现直播中存在的问题。如果运营人员在复盘时只对点赞量、粉丝量、商品销量等表面数据进行分析，没有全面分析直播的诉求和投入产出等其他因素，就很难发现直播存在的问题，这样的复盘就会失去意义。

需要注意的是，运营人员在评估结果时必须注重实践，从根源寻找问题所在。评估结果一般按照以下2个步骤来操作。

（1）展示数据

在复盘时，运营人员必须将所有的数据毫无保留地展示出来，还要将实际结果数据与目标数据进行对比，以便大家能更直观地看出直播结果是否达到预期。此外，为了让评估结果数据更客观、更准确，在陈述结果时，运营人员还应尽可能多地引入外部典型项目的数据作为样本。

（2）发现亮点，找出不足

通过数据对比，运营人员可以发现直播过程中的亮点与不足。

- 亮点：主播在直播过程中快速找准粉丝需求，分析粉丝特征，并根据粉丝的不同需求推荐了合适的商品；在直播过程中发起互动游戏，大量用户参与其中；直播封面提高了点赞量；整场直播销售额超出预期等。

- 不足：某些互动话题设置不合理，直播间用户有轻微的抵触情绪；商品价格还有降低的余地，选品团队需要进一步与商家对接；粉丝流失较快等。

3. 分析原因

在评估结果后，运营人员要找到阻碍目标实现的真正原因，仔细分析，在找到原因以后才能更好地完善和优化之后的直播流程。分析原因一般分为3个步骤，如图6-2所示。

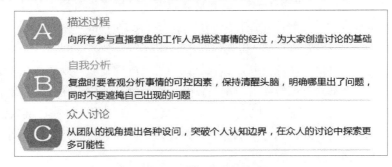

图6-2 分析原因的步骤

4. 总结经验

直播复盘最为关键的是从行动中总结经验教训，有针对性地做出优化和改进。运营人员在复盘总结时要明确以下4点：从总结的经验教训中学到了什么，接下来的直播中要做什么，如何做出改进，哪些方案可以直接付诸行动。

为了判断复盘的结论是否可靠，运营人员在复盘的过程中还要思考以下几个问题。

- 要弄清楚经历的事件和分析得到的结论是否具有普遍性，是否排除了偶发性因素。

- 复盘的结论应该对事不对人。

- 运营人员很有可能发现以前存在的问题，或者以前的经验也用得上，因此可以进行交叉验证，看是否有类似事件的复盘总结。

要想让复盘的结果发挥作用，运营人员就要将经验转化为结果，把复盘结果落实到具体的行动计划中。在这一过程中，运营人员要考虑以下3点。

- 开始做什么：根据经验与教训，为了改进当前直播间的运营现状，直播团队可以开始做什么事情。

- 停止做什么：通过直播复盘，运营人员可能会发现部分不恰当的做法，这些不恰当的做法会影响直播效果，需要马上停止。
- 继续做什么：运营人员要找出表现良好或者需要继续保持下去的直播运营方法，然后将这些方法坚持下去。

活动3　掌握直播复盘的主要内容

直播复盘可以分为快速复盘和阶段复盘两个大方向。

1. 快速复盘

快速复盘是指直播结束当天或次日对最近的直播数据进行快速复盘，此时要重点关注当天直播的直观数据表现和用户反馈，从而总结当天直播的经验，并快速应用到后续直播中，这是一个"计划—实施—检查—处理"的过程。

在复盘维度上，快速复盘可以分为数据侧和用户侧。

（1）数据侧

运营人员要重点关注本次直播的数据表现，同时对比其他几场直播的数据，主要关注四大核心数据，如图6-3所示。

图6-3　四大核心数据

针对直播进行复盘时，运营人员要重点关注直播数据的整体在线人数变化趋势，定位到最高在线人数所对应的时间点并分析直播内容，从而找到更容易制造直播高光点的内容类型。

（2）用户侧

在用户侧，运营人员要关注直播过程中用户情绪、反馈异常的节点，如消极发言等，以此来定位用户可能存在的痛点，以及用户察觉到的直播异常问题，如信息衔接不自然等。

在直播间的互动评论中，呼声最高的内容可以作为后续直播返场的内容，运营人员可以将其纳入直播内容需求池中。

2. 阶段复盘

在累计多场直播后，运营人员有必要进行阶段复盘，从宏观角度进行分析，明确直播对商品的核心价值、目标用户圈层、核心吸引点和直播需要保持的节奏。在阶段复盘中，运营人员要关注数据侧、用户侧和市场侧。

（1）数据侧

不同于快速复盘，在数据侧，运营人员在阶段复盘时要在整体宏观角度上明确直播对商品的价值，以及直播整体的数据表现和热点分布等。

从直播对商品的价值定位来说，直播能为商品做的就是吸引新用户，活跃用户，延长用户在商品页面的停留时长，具体来说主要分为拉新和促活两个方面。

- 拉新。拉新主要关注统计周期下观看直播的用户数（去重）和单期直播平均的新用户占比（去重）。
- 促活。促活主要关注统计周期下单用户平均观看直播期数、观看期数≥2的用户占比和用户平均观看单期直播的时长。

在明确直播对商品的价值后，运营人员可以通过热点分析来明确后续如何把直播做得更好。在进行热点分析时，直播团队要从单期直播、分类分析、词项拆解等方面来观察，如表6-1所示。

表6-1　热点分析

热点分析	说明
单期直播	简单地对单期直播数据进行排序，找出数据表现好的直播，提炼其特征
分类分析	关注各类直播间数据的横向对比，从分类数据对比中找出哪一类直播更吸引用户
词项拆解	对每期直播的标题进行词项拆解，筛除无意义的词项，找出最受关注、最能吸引用户的直播关键词，有助于指导直播标题设计

（2）用户侧

在用户侧，运营人员在阶段复盘时要明确目标用户圈层，并针对这部分用户的观看体验进行调查，这样有利于明确后续业务重心、范围和宣传模式。分析目标用户圈层时，运营人员要对用户数据进行清洗，从年龄、性别、地域、渠道等多个维度来定位目标用户的特征。

运营人员可以使用目标群体指数（Target Group Index，TGI）来分析用户对直播的偏好度，公式为：TGI=当前维度样本的比例÷整体群体内该维度的样本比例。若TGI大于100，说明该人群在整体人群中偏好度较高；若TGI小于100，说明该人群在整体人群中偏好度较低。TGI越接近100，说明该人群与整体人群的偏好度越接近。

在分析用户侧时，运营人员要从直播前、直播过程中、直播结束后3个大环节上分析用户行为、需求和痛点，从而定位到各个环节直播优化的机会点，提升优化效率。

（3）市场侧

在进行市场分析时，运营人员不仅要关注在直播领域做得好的同类竞品，还要多了解在目标用户圈层中最近的热门话题，这样有助于后续直播时引出核心话题，也能带领团队成员思考直播的新赛道，以拓宽目标用户圈层。

任务二　抖音直播数据分析

直播数据是对直播效果最真实的反映，运营人员在进行直播复盘时，最主要的就是分析直播数据，根据直播数据反映的情况找到问题的根源并做出改进，或者发现做得好的方面，在下次直播时继续应用。为了提升直播数据分析的效果，运营人员要把握直播数据分析的基本步骤，掌握直播数据分析的主要指标，并学会运用直播数据分析工具。

活动1 把握直播数据分析的基本步骤

直播数据分析的基本步骤分为3步，即明确数据分析目标，获取直播数据，以及分析直播数据。通过这3个步骤，运营人员基本上可以检查出一场直播的问题，并与之前的数据进行对比，提出改进方案，从而得到提升和成长。

1. 明确数据分析目标

运营人员首先要确定数据分析目标，这样才能有针对性地进行分析，使下次直播活动的效果得到全面优化。数据分析的目标主要有：找出数据波动的原因，数据上升或下降都属于数据波动，所以不能只分析数据下降的原因；找到止跌或提升的方案，优化直播内容；通过数据规律推测平台推荐机制，然后从推荐机制出发对直播内容进行优化。

2. 获取直播数据

有了数据分析目标，运营人员接下来就要获取足够的数据。获取直播数据的渠道主要有3种，如表6-2所示。

表6-2 获取直播数据的渠道

获取渠道	说明
抖音直播间账号的后台	抖音直播间账号的后台通常会有直播数据统计，运营人员可以在直播过程中或直播结束后通过后台获得直播数据
抖音提供的数据分析工具	为了帮助企业更好地销售商品，抖音提供了数据分析工具，如抖音电商罗盘、巨量百应等，这些工具能够为运营人员提供直播营销活动的相关数据，然后运营人员就可以根据这些数据分析直播营销效果
第三方数据分析工具	随着直播营销的发展，目前市场上出现了很多专门为用户提供直播数据分析服务的第三方数据分析工具，运营人员可以利用这些工具搜集自己需要的数据。第三方数据分析工具有很多，如灰豚数据、蝉妈妈、飞瓜数据等

3. 分析直播数据

在分析直播数据时，运营人员主要是分析一场直播的数据是否达到设定目标。在直播前的活动策划中，设定的单场直播目标包括本次观看人数、互动数据、商品交易数据等，对比后台的实际数据，可以明确实际情况与目标之间的差距，找出没有达到目标的主要原因。

运营人员要关注直播数据的变化趋势，定位数据趋势图中的波峰和波谷，根据时间点追溯直播内容和现场人员的状态，以识别能够吸引用户的直播内容。

运营人员应将本次直播的总观看人数、独立访客数、人均在线时长、商品点击率、商品转化率等核心数据与以往的数据进行对比，以明晰本次直播的优劣点。

活动2　掌握直播数据分析的主要指标

分析直播数据主要是为了达到两个目的：一是盘活存量、扩大增量，二是发现并解决问题。盘活存量指的是调动现有粉丝的积极性，扩大增量指的是吸引更多的新粉丝。直播结束后，运营人员可以通过抖音直播间账号的后台查看这些数据。当然，有些数据可以直接看到，有些数据需要通过计算才能得出。运营人员在每一场直播活动结束后都要进行复盘，而数据的复盘对有效提高直播活动的质量尤为关键。

抖音直播数据分析的主要指标如下。

1. 流量数据

抖音直播间的流量数据主要有累计观看人次、累计观看人数、最高在线人数、平均在线人数、平均观看时长等。

- 累计观看人次：即累计进入该直播间的次数，也称页面浏览量（Page View，PV），能够反映这场直播在哪个流量层级。

- 累计观看人数：即累计进入该直播间的人数，也称独立访客数（Unique Visitor，UV），数值越大，在一定程度上说明直播间的用户黏性越强，即便用户离开也会再次回到该直播间。

- 最高在线人数：即本场直播最高同时在线人数，运营人员可以对应分析此刻使用了哪些运营手段，最高在线人数是否出现环比增长，环比增速是否比以往更高。

- 平均在线人数：即本场直播平均每分钟的在线人数，与最高在线人数做对比，如果差距较大，说明该直播间的流量承载力不稳定，流量不精准。

- 平均观看时长：即本场直播平均每个用户的观看时长，时长越长，代表直播间整体内容越吸引人，用户的黏性越强。一般直播间的平均观看时长是30~60秒，优秀的直播间的平均观看时长是2分钟以上，但需要主播进行合理选品并具有足够的个人魅力。

2. 互动数据

互动数据主要有互动率和转化率两大指标。

- 互动率：抖音直播间任意一个互动行为指标/累计观看人数都可以得出互动率，其数值能够反映用户的参与度，直观的表现是直播间是否热闹，一般以直播间评论数/累计观看人数的数值作为参考值。

- 转化率：单场直播新增粉丝数/累计观看人数可得出转化率，这一数据可以反映直播间的整体内容是否有价值，也能反映粉丝增长的潜力。一般来说，新手主播开播不足3个月，直播间转化率通常为1%~5%，转化率过低就说明直播效果不好，过高则可能会被判定为"刷粉"，给直播间的信用造成不良影响。如果主播不是新手，转化率一般为4%~6%，过低或过高都预示着存在某些问题。

3. 粉丝数据

粉丝数据包括粉丝UV占比和粉丝互动率。

- 粉丝UV占比：指进入直播间的总用户数中粉丝的占比。如果直播结束后，粉丝UV占比较高，说明这场直播的主题与内容迎合了粉丝的需求与喜好，前期预热和私域运营产生了较好的效果；反之，就说明本场直播没有吸引太多的粉丝关注，这时运营人员就要考虑如何挖掘粉丝需求，做好现有粉丝的维护与运营，释放其购买力，盘活存量。

- 粉丝互动率：指参与互动的粉丝数量在粉丝UV中的占比。这一数据可以反映有多少粉丝在直播过程中与主播发生互动，如点赞、评论、转发、购买等。粉丝互动率较低，说明直播没有调动起粉丝的积极性，运营人员要在之后的直播中创新玩法，增进与粉丝的互动。

4. 商品数据

商品数据主要包括商品曝光人数、商品点击人数两大指标。

- 商品曝光人数：商品曝光人数越多，说明用户对商品越感兴趣。
- 商品点击人数：商品点击人数越多，说明用户下单欲望越强。

5. 交易数据

交易数据包括成交人数、直播期间累计成交金额、千次观看成交金额、UV价值、客单价、投入产出比、成交率等。

- 成交人数：指当天支付成功的汇总去重人数，成交人数越多，说明直播间整体转化能力越强。
- 直播期间累计成交金额：即直播期间全渠道关联店铺商品的商品交易总额（Gross Merchandise Volume，GMV），反映最终整体的成交转化结果。
- 千次观看成交金额：该数据可以通过公式"千次观看成交金额＝GMV×1000÷直播间观看人次"得出，反映每千次观看带来的成交金额，在一定程度上代表了流量效率。
- UV价值：指平均每个观看用户给直播间贡献的成交金额，数值越大，说明用户贡献的价值越大，在一定程度上反映了用户质量和目标用户的精准程度。
- 客单价：GMV/成交人数可得出客单价，该数据可以反映平均每个用户的成交金额，数值越大，说明用户的质量越高，越有购买力。
- 投入产出比（Return on Investment，ROI）：由公式"ROI＝成交金额÷投放消耗"可得，用于衡量付费投放的效率，数值越大，说明投放效率越高。
- 成交率：指成交人数和总UV之比。尽管直播间商品的价格各不相同，但成交率可以在一定程度上反映一场直播的最终效益，体现一场直播的带货能力。如果直播间的粉丝活跃度较高，但成交率较低，就说明直播间的商品结构存在问题，运营人员要根据粉丝需求调整商品结构。如果新粉丝的活跃度较高，成交率较低，就说明主播还未取得新粉丝的信任，或者商品价格过高。面对这种情况，主播就要调整直播话术，或者为用户提供更多保障，如赠送运费险、7天无理由退货等。

运营人员还可以使用转化漏斗来分析直播间的各项数据，包括进入直播间人数、商品曝光人数、商品点击人数、创建订单人数、成交订单人数等，由前向后一步步转化，如图6-4所示。转化漏斗各项数据说明如表6-3所示。

通过使用转化漏斗，运营人员可以了解直播间各个环节的转化率，快速定位流量和成交量的变化原因，从而有针对性地进行改进。

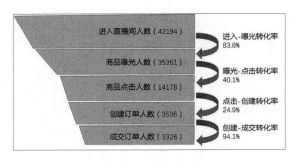

图6-4 转化漏斗

表6-3 转化漏斗各项数据说明

直播数据	转化率	说明
进入直播间人数	进入-曝光转化率	商品曝光人数÷进入直播间人数×100%，在一定程度上反映直播间商品的吸引力
商品曝光人数	曝光-点击转化率	商品点击人数÷商品曝光人数×100%，在一定程度上反映主播讲解商品的能力及商品性价比
商品点击人数	点击-创建转化率	创建订单人数÷商品点击人数×100%，在一定程度上反映主播引导促单的能力
创建订单人数	创建-成交转化率	成交订单人数÷创建订单人数×100%，在一定程度上反映主播临门一脚进行"逼单"，打消用户顾虑的能力
成交订单人数		

活动3 运用直播数据分析工具

视频

运用直播数据分析工具

在直播数据复盘的过程中，运营人员必须进行数据分析，在回顾直播活动时用数据量化地总结直播表现，然后制订相应的执行方案并进行测试，以优化直播数据。

在这一过程中，运营人员需要使用直播数据分析工具来查看抖音直播的各项数据指标，如人气数据、带货数据、带货商品数据、流量来源、观众画像、互动数据等。直播数据分析工具主要有蝉妈妈、灰豚数据、飞瓜数据等。下面以飞瓜数据为例，详细介绍抖音账号"鸭鸭官方旗舰店"某场直播的各项数据指标。

1. 人气数据

人气数据指标包括观看人次、人数峰值、平均在线、分钟流量获取、平均停留时长、新增粉丝等。图6-5所示为该直播间的人气数据。

图6-5 人气数据

2. 带货数据

带货数据包括本场GMV、本场销量、上架商品数、客单价、分钟销售额产出、千次观看成交额等。其中，UV价值可以根据公式"UV价值＝本场GMV÷观看人数"得出，带货转代率可以由公式"带货转代率＝直播销量÷观看人数×100%"得出。图6-6所示为该直播间的带货数据。

图6-6　带货数据

3. 带货商品数据

带货商品数据包括商品分布、直播转化率、商品分类、合作品牌和合作小店等。图6-7所示为该直播间的带货商品数据。

图6-7　带货商品数据

4. 流量来源

流量来源包括观众来源比例、来源趋势图、直播预热视频等。图6-8所示为该直播间的直播预热视频数据。

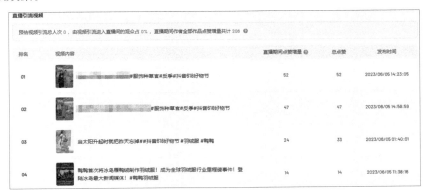

图6-8　直播预热视频数据

5．观众画像

观众画像分为直播观众画像和粉丝团观众画像，两者都包括性别分布、年龄分布、地域分布、消费需求分布、感兴趣的内容。图6-9所示为该直播间的观众画像数据。

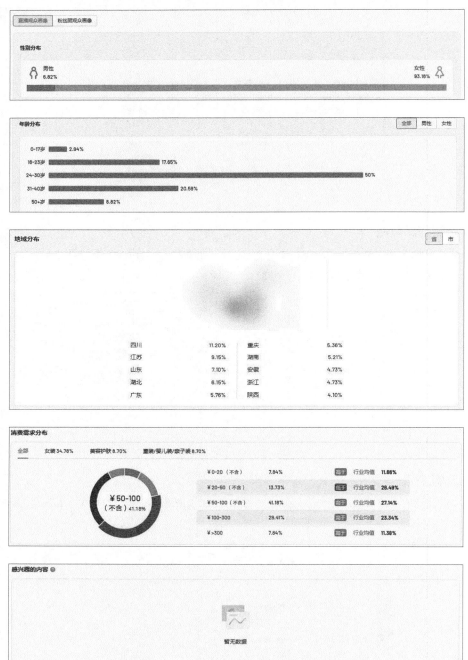

图6-9　观众画像数据

6．互动数据

互动数据包括观众互动（弹幕总数、分钟弹幕数、弹幕人数、人均弹幕数、点赞总数、分钟点赞数、互动率、首次发言观众占比等）、弹幕占比、互动趋势图、弹幕词云、弹幕商品需求、福袋分析等。图6-10所示为该直播间的互动数据。

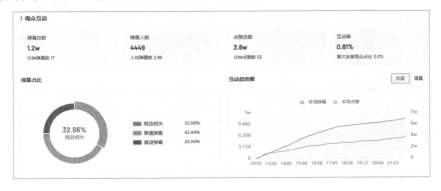

图6-10 互动数据

运营人员也可以使用飞瓜数据中的实时大屏直观地查看各项直播数据，如图6-11所示。

图6-11 实时大屏

课后实训：分析抖音直播数据

1. 实训目标

进行抖音直播，掌握抖音直播数据分析的步骤和方法。

2. 实训内容

5人一组，以小组为单位，分配好各自的职责，进行直播，然后根据直播数据进行复盘，并提出下一次直播时的改进计划。

3. 实训步骤

（1）进行直播

选择合适的商品进行带货直播，积极做好互动交流，活跃直播间的气氛。

（2）获取直播数据

直播结束后，小组成员通过抖音直播间账号的后台和第三方数据分析工具查看本场直播的各项数据。

（3）分析主要指标

小组成员根据直播数据分析直播的流量数据、互动数据、粉丝数据、商品数据、交易数据，并根据这些指标发现直播中出现的问题。

（4）提出改进计划

小组成员根据发现的问题提出改进计划，为下一次直播的顺利进行做好准备，从而使自己的直播效果越来越好。

（5）实训评价

进行小组自评和互评，写出个人心得和总结性评论，最后由教师进行评价和指导。

课后思考

1. 简述直播复盘的必要性。
2. 在回顾直播目标是否合理时，需要参考什么原则？
3. 简述直播数据分析的主要指标。

项目七

抖音"短视频＋直播"融合运营

知识目标

1. 了解抖音短视频和直播的优势互补。
2. 了解抖音"短视频＋直播"融合运营的发展趋势。
3. 掌握构建"短视频＋直播"营销闭环的方法。
4. 掌握抖音"短视频＋直播"融合运营的模式。

素养目标

1. 树立融合意识，促进数字经济和实体经济深入融合。
2. 实践无止境，积极推进实践基础上的内容创新。
3. 通过作品为时代讴歌，弘扬社会上的真、善、美。

短视频和直播行业庞大的市场规模，催生了包括短视频运营、直播带货等衍生业态，而短视频运营和直播带货并非相互隔离的两个业态，两者能够相互结合，进而产生"1+1>2"的效果。抖音"短视频+直播"融合运营，不管是对普通博主、名人还是达人都很重要，可以提高其流量变现的上限。

任务一 初识抖音"短视频+直播"融合

经过多年的发展，抖音已经成为大众熟知的融合短视频、直播、电商的综合平台。如今抖音"短视频+直播"成为主流的变现方式之一。抖音"短视频+直播"是"涨粉"、带货的黄金搭配，直播可以作为短视频内容的补充，也可以为短视频带来更多的素材和方向。

活动1 把握短视频与直播的优势互补

不管是短视频行业还是直播行业，要想获得更长远的发展，更充分地发挥出商业价值，两者就要结合起来，互相助力，发挥长处，补足短板。短视频与直播的优势互补主要体现在以下几个方面。

1. 时长

短视频的时长较短，内容呈现出碎片化的特点，传播迅速；直播需要用户实时观看，内容时长一般以小时来计算，传播速度不快。从这个角度来讲，短视频的碎片化特征为直播内容的宣传推广提供了有利条件。

2. 内容

由于时长限制和碎片化观看环境的影响，短视频要在短时间内快速吸引用户的注意力，对内容的信息密度、节奏感的把控都有较高的要求，一般要求浓缩内容中的精华。而直播实时互动性较强，对内容的信息密度要求较低，可以较为完整、体系化地呈现内容。因此，当需要呈现描述细节、还原过程等较长时间的内容时，直播可以作为短视频的互补内容形式；当需要呈现内容重点时，短视频则比直播更有优势。

直播的时空限制较大，所以直播内容往往难以留存，而短视频可以补足这一短板，帮助留存直播内容。对直播中所产生的优质内容，短视频可以进行二次加工，精准分发。

直播的即时性、互动性较强，主播可以通过与用户实时互动及时了解用户需求，为短视频内容的创作提供指导。同时，直播所带来的流量也有助于增加短视频的播放量。

3. 粉丝运营

短视频在内容传播方面具有直播不可比拟的优势，但短视频无法通过内容直接与用户进行实时的互动交流；而直播具有实时性、场景化、公开化的特点，主播可以与屏幕前的用户实时互动，回答用户在弹幕中发出来的提问。

用户可以通过送礼物、发弹幕与主播交流，也可以与直播间的其他用户互动。在此过程中，直播间变成了一个大型互联网社交场所，不同身份的用户通过关注同一个主播而产生认同感，进而形成社群。

因此，在粉丝运营方面，直播相较于短视频拥有明显的优势，运营人员可以借助直播提升互动度，增强用户黏性，加强对粉丝社群的运营管理。

4. 商业化

将短视频的流量红利和直播的高效成交结合在一起，有利于实现品牌或企业业绩的最大化增长。短视频的场景与体验感很强，更容易影响用户情绪并产生"种草"效应，而直播间的氛围更容易让用户产生消费欲望。因此，直播与短视频的融合方式是短视频"种草"，在直播间成交，两者互为补充，互相支撑。采用"短视频种草＋直播卖货"的方式，更有利于品牌或企业发挥营销效能。

活动2 了解抖音"短视频＋直播"融合运营的发展趋势

2022年以后在抖音平台上，"短视频＋直播"融合运营主要有以下4个发展趋势。

1. 账号矩阵化

抖音的商业逻辑是去头部化的，抖音希望平台生态繁荣，不希望某个账号一家独大，所以大号会有推流限制，且一旦触犯规则就有可能被封号，导致前功尽弃。因此，在2022年以后进入抖音的品牌或企业，从一开始就要以变现为目的，而不是以涨粉为目的。

运营人员要尽可能追求稳定，建立低收益的小号矩阵，在跑通模式后，马上做以下两件事。

（1）拉长直播时长

直播电商的形态就是把线下导购搬到线上，因此以后长时间营业的直播间会成为常态，只要单位时间可以盈利，拼的就是营业时长，充分发挥流量价值。如果自己的直播团队没有这样做的条件，性价比最高的方式就是找代播。例如，以前直播团队每周播7天，每天播6个小时，现在可以每天播3个小时，其他时间找人代播，每天直播时长增加到12小时，这样直播团队投入的时间是原来的一半，但营业额可以增加很多。

（2）开多个账号做矩阵

直播团队可以开多个账号做矩阵，每个账号都进行垂直化运营，覆盖多个领域，通过矩阵实现利益最大化。例如，直播团队可以开设食品、美妆、服饰、运动等多类目的直播间，根据每个直播间的定位配备不同的主播。

2. 从一线城市下沉到二三线城市

短视频与直播行业已经出现了明显的势能溢出现象，资本正在从北京、上海、广州、杭州等一线城市涌向更多的二三线城市，如长沙、武汉、合肥等。与移动互联网行业不同，短视频与直播行业对人才的专精度要求和学习门槛都比较低，在二三线城市一样可以做得很好，该行业未来的趋势是在一线城市获取资源，在二三线城市落地执行，这给二三线城市带来了很大的商机。

3. 加大私域运营的力度

抖音平台在战略大方向上始终在追求业务闭环，私域是其中必不可少的一环。品牌或企业要想在抖音平台中获取更多利益，就要提早布局抖音平台上的私域流量。

目前抖音平台已经上线粉丝群、私信、订阅群发等私域功能，例如，可以在群里发优惠券，为群成员发送开播提醒，通过私信定向邀约，这些功能都可以帮助品牌或企业降低成本，增加营收。另外，抖音私域运营不仅对高客单价的商品尤为重要，也对不能24小时直播的品牌或企业越来越重要。

4. 高客单价市场变大

直播电商发展到今天，给人留下的印象一直是商品低价。一开始，品牌或企业对直播电商的定位就是冲销量，做品牌曝光，所以低价商品具有天然的优势，但也在一定程度上让用户对直播形成了"商品便宜"的认知。但是，随着直播电商的成熟，已经有越来越多的主播开始做高客单价的商品，如珠宝、字画、茶叶等，只要粉丝够精准，几万粉丝的账号每场直播的销售额甚至可以做到几十万元。

抖音平台有数亿的日活跃用户量，这些用户暗藏着充足的购买力，从货架电商到直播电商，本质上是流量的迁移，所以货架电商能卖的商品，直播电商也一样能卖得出去。

随着直播行业的快速发展，直播电商摘掉低价标签只是时间早晚的问题。因此，品牌或企业在直播间越早布局高客单价商品越好。

活动3 构建"短视频+直播"营销闭环

短视频"种草"和直播"拔草"的连接能够打造出营销闭环，即留存老用户，发掘新用户，并通过改善服务进一步加强与用户的关系，达到新用户不断向老用户转化的目的。与直接直播带货相比，短视频种草和直播带货的结合能够达到更好的效果。

"种草"与"拔草"是一种比喻的说法，"种草"是指将好的商品推荐给用户，使用户对商品产生购买欲望；"拔草"是指引导用户购买商品，满足用户的购买欲望。

短视频"种草"这一环节是十分重要的，是用户形成商品认知的关键环节。短视频"种草"是对用户的一种引导，通过多样化内容引导用户对商品产生情感认同，促进用户从"种草"向"拔草"转化。

要想顺利地完成"短视频种草+直播拔草"的流程，运营人员在"种草"与"拔草"的不同阶段要做的工作也不同。

在短视频"种草"阶段，运营人员要思考以下几个方面的因素，如表7-1所示。

表7-1 运营人员在短视频"种草"阶段要思考的因素

因素	说明
选品	商品的自身因素会极大地影响"种草"的效果。在品类选择方面，食品类、装饰类、美妆类等品类的商品更受用户青睐。同时，在选择商品时，也要保证商品的质量，并明确其卖点
目标用户	运营人员要从商品出发，分析商品的目标用户是哪些群体，并明确目标用户的痛点，这样才能更有针对性地创作短视频内容
平台	运营人员要选择合适的"种草"平台，抖音是一个拥有巨大流量的平台，在抖音发"种草"短视频效果显著
方法	为了获得更好的效果，运营人员要掌握有效的"种草"方法，突出商品的卖点。例如，当商品为某名人同款时，运营人员要在短视频中突出名人同款这一卖点；也可以从商品成分入手，将商品富含的某一成分作为卖点

在直播"拔草"阶段，运营人员要思考如何提高直播转化率，为此运营人员可以通过以下两种方式提高转化率，如表7-2所示。

短视频"种草"与直播"拔草"的结合能够构建"引流+带货"的营销闭环，短视频的精准引流能够提高直播的转化率。运营人员要想挖掘短视频领域的流量红利，就要做好引流和流量变现两个方面的工作。

要构建"短视频＋直播"的营销闭环，运营人员需要重点做好以下几个方面的工作。

表7-2　提高直播转化率的方式

提高直播转化率的方式	说明
在直播中突出商品优势	通过短视频"种草"来到直播"拔草"这一环节的用户往往对商品已经有了初步的了解，他们对商品是存在需求的。为了进一步激发其购物欲望，运营人员可以在直播阶段进一步强调商品的优势，如质量有保证、功能独具特色等。如果该商品与同类商品相比价格更有优势，也要突出价格优势，以强调商品的高性价比
适当开展优惠活动	运营人员可以在直播间发放一些商品优惠券，或者开展分享有礼、满赠等活动，以福利活动激发用户的购买欲望

1. 粉丝积累

在最开始的时候，运营人员要把核心精力放在短视频创作上，快速完成第一波粉丝的积累，如粉丝达到1000人，这时再开通商品橱窗，进行直播带货。

2. 展示商品

运营人员可以通过短视频和直播两种方式来展示商品的特征。由于短视频和直播在时长和表现形式上有所不同，所以在展示商品时，两者的内容设计也要有所不同。

短视频的时长较短，要精练、明晰地突出商品的使用方法、功能、优惠条件等信息，这些都是用户非常关注的内容，可以迅速吸引用户的注意力。

直播的时长较长，主播应更多地介绍商品在包装、外形、功能、质量等方面的细节。例如，主播把镜头对准商品，展示商品的色彩、纹理、材质等；采用拽、拉、划等方式展示商品的过硬质量；主播试用商品，直观地展示商品的功能与特色，增强说服力，从而获得用户的认可；等等。

主播要在直播时多次强调商品优惠，突出商品的高性价比，以此来激发用户的热情，如"在本直播间即刻下单可享8折优惠""今天这件商品9折促销"等。

3. 树立良好的口碑

运营人员要在短视频和直播活动的过程中树立良好的口碑，提升用户的信任度，增加说服力，从而引导用户消费。

要想树立良好的口碑，运营人员要在营销活动中讲诚信，在直播预告中提到的福利活动应当出现在正式的直播活动中，绝不能进行虚假宣传。同时，运营人员要逐一落实直播活动的每一个环节，确保用户真正享受到优惠。

商品质量是良好口碑的保障，主播除了要保证商品质量以外，还要向用户展示商品的质量，例如，在短视频和直播中展示商品获得的权威认证、专家推荐，同时要坦诚地说出商品的缺点，这样比隐瞒商品的缺点更容易树立口碑，因为这会让用户感受到主播的真诚，提升对主播的信任感。

主播要主动说出商品的缺点，不能等到用户发现问题并展开询问或质疑时才不得不说出缺点，尤其是缺点很明显的商品，即使主播不说明，用户也能很快察觉商品的缺点。另外，存在缺点的商品也并非毫无价值，它们只是相对于质量更高的商品有一些缺陷，但不影响其使用，在此基础上，凭借低价、实惠的特性，可以吸引追求实惠的用户购买。

例如，主播要介绍一款手机，这款手机在配件方面存在某些不足，但价格实惠，功能强大，在介绍时这样说："这款手机是××品牌的一款新手机，外型时尚，线条优雅，搭载最先进的处理器，性能优越，滑动屏幕时十分顺畅。当然，这款手机的配件不多，尤其是不配备耳机。但是，市面上适配的耳机有很多，我们完全可以自己购买，根本不影响使用。这款手机性能优越、功能齐全、拍照清晰、视频播放流畅，能够满足大家的日常生活需求，有购买新机需求的朋友千万不要错过。"

由于主播在介绍手机时坦诚地说出了手机缺少配件的不足，让用户感受到了他的真诚，因此用户也更加信任主播及其推荐的这款手机，即使这款手机存在某些不足，仍然有不错的销量。

另外，主播可以向用户赠送运费险或提供7天无条件退换等服务，以提高用户对自己的信任度。当收到商品存在问题的反馈时，主播要及时向用户致歉，并适当补偿，展示出自己的诚意。

4. 定期直播变现

短视频负责引流，而直播负责流量变现。主播要定期直播，这样有利于培养用户的观看习惯，加深用户对主播的印象。

抖音直播间开播前期的流量由两部分组成，一是主播自身吸引的流量，二是平台匹配的流量。主播几乎无法改变平台匹配的流量，因此可以从自身吸引的流量方面入手来增加流量，可以发布直播预告，向用户告知直播时间和直播主题。

为了不断吸引和积累粉丝，增强粉丝黏性，增加变现效益，主播要保证稳定的直播频率，最好做到每天定时直播。

主播要明确抖音平台中同一细分领域头部主播的直播时间，尽量避开这一时间段，以避免激烈竞争。主播还要考虑目标用户群体的观看时间，尽量选择晚上直播，因为白天是大多数人的工作时间，在晚上人们的空闲时间更多，观看直播的人更多。

如今，抖音平台已经打通短视频、直播和电商的营销闭环，让品牌或企业可以在平台上完成触达、沉淀、转化到运营的一体化覆盖，从而让品牌或企业通过短视频引流强势"种草"，用直播的即时互动"拔草"变现，将"种草"和"拔草"无缝结合，精准寻找并吸引目标用户群体，而短视频、直播和电商构成链路闭环后，短视频和直播作为私域流量池搭建与用户之间的长效沟通管道，电商为品牌或企业提供直接完成销售转化的出口。

任务二 抖音"短视频+直播"融合运营的模式

当前流量竞争日益加剧，增量竞争已经转向存量竞争，各大品牌或企业开始重视私域流量的运营。短视频作为私域流量的重要载体，其成效越来越被品牌或企业所验证，也是当前品牌或企业做营销推广的首选之一。在抖音平台上，短视频、直播、社群是流量的主要载体和来源，其中直播更是当前的热门载体和来源，美妆、服饰、食品、数码等品牌或企业都纷纷开启抖音直播。

不管是"短视频＋直播"协同引流，还是"短视频引流＋直播促单"，短视频和直播相互融合已经是一个不可逆转的趋势。

活动1　实施抖音用户融合

抖音平台早已开通直播功能，因此抖音短视频的用户和直播的用户大体是重合的，只是有人喜欢看短视频，有人喜欢看直播。实施抖音用户融合，一般是通过发布短视频来进行"涨粉"，然后通过直播增强用户的黏性，同时增加粉丝量。

1. 短视频"涨粉"

要想利用短视频"涨粉"，首先要了解短视频"涨粉"三要素，即垂直、精准的视频内容，详细、有价值的个人简介包装，以及较高的账号活跃度。

（1）垂直、精准的视频内容

在抖音短视频的创作过程中，内容的垂直度是十分重要的，这决定了短视频内容是否与抖音的推荐条件相契合。内容垂直度越高，抖音账号能够获取的推荐流量就越多；内容方向越杂糅，抖音账号受到的推荐也会相应减少。

内容垂直度越精准，抖音推荐越能够精准地为短视频划分标签、属性、领域、用户分布等，就可以精准地推荐给对内容感兴趣的目标用户群体。

（2）详细、有价值的个人简介包装

账号的个人简介是除了账号头像和账号名称之外用户最容易注意到的内容，因此抖音账号的个人简介不能写得平淡无奇，而要突出账号的个人特色，强调账号定位、属性等，并在此基础上做到新颖、吸引人。个人简介中不要使用太多比较虚幻的词汇，要写出容易引发用户联想的内容，如具体的事物、项目、活动等，让用户在看到之后有一个清晰的认知。

很多创作者认为，在个人简介中留下联系方式可以更精准地捕捉一部分私域流量，但这样做很容易被系统判别为营销账户，很可能会受到一定程度的限流，因此创作者要选择比较隐蔽的方式展示联系方式。

（3）较高的账号活跃度

账号活跃度是指用户发布短视频的多少和与粉丝之间的互动程度。账号活跃度越高，短视频作品的质量就越高，就越能上热门，获得更多的粉丝。因此，要想提高账号的活跃度，创作者要保持较高的更新频率，多发布优质的短视频作品。剧情植入型短视频因为创作难度较高，可以两天发布一条短视频，而商品文案型和口播人设型短视频由于创作难度较低，至少要每天发布一条短视频，甚至一天发布2~3条短视频。

同时，创作者要在自己创作的短视频评论区和粉丝互动，并在热门短视频下留言评论或点赞，以吸引用户关注。

2. 开直播增强用户黏性

对直播带货账号来说，粉丝质量的重要性远远大于粉丝数量，所以主播要提升用户在账号上的留存时间，增强用户黏性，拉近用户与账号的距离。强黏性粉丝的价值在于其维护成本远低于获取新用户的成本，粉丝转化和复购远远超过普通用户，在粉丝数量足够的情况下可以决定生产计划和排产数量，提高直播间的抗风险能力。

增强用户黏性的方法主要是培养用户的"三感"，这"三感"分别是存在感、归属感和专属权益感，如表7-3所示。

表7-3　培养用户的"三感"

"三感"	说明
存在感	在直播间高频次点名粉丝名称，多次与粉丝互动，提高其互动的积极性
归属感	引导粉丝加入粉丝团或粉丝群，让粉丝在群内找到志同道合的朋友；给粉丝团起名，让粉丝对这种称号产生情感联系
专属权益感	给予粉丝在其他直播间享受不到的特权，设置粉丝专属价格或福利等

3. 直播"涨粉"

主播在进行抖音直播时，可以采用以下技巧来"涨粉"。

（1）制作有吸引力的直播标题和封面

主播要制作有吸引力的直播标题和封面，激起用户进入直播间的欲望，封面图要高清，色彩明亮，有视觉冲击力；标题尽量简洁，控制在5~15个字，概括直播的核心内容，符合用户兴趣，最好戳中部分用户的"痛点"，让用户感觉直播内容与自己有关，从而产生共鸣和代入感。

（2）提升主播形象

出镜的主播要保持妆容干净、自然，穿着大方，口齿伶俐，思维清晰，以饱满的精神面对直播间的用户，这样更能吸引用户停留，增加直播间的粉丝数量。

（3）分享有亮点的商品

直播带货的商品要有突出的特点，如价格非常优惠、功能全面，或者本款商品为该直播间独有。在直播之前，主播就要想好商品有哪些亮点，如何展示亮点，如何使展示方法更有趣等。

（4）活跃直播间的气氛

主播要经常活跃气氛，随时与用户互动分享，提升用户的参与度，引导用户关注与分享。例如，可以在直播开场时给粉丝送福利，并提醒粉丝后续也有抽奖；如果直播时间过长，主播可以设置多个送福利时间，将粉丝留在直播间；如果是刚进入直播间的用户，没有关注直播间，主播可以引导他们点击直播间上方的头像进行关注，成为自己的粉丝。

（5）保证直播时长和直播频率

这是做抖音直播最基本的要求。新主播应当每天直播，且每场2小时以上，让用户养成定时观看直播的习惯。

案例：采用"短视频+直播"模式，"彩虹夫妇"成为直播"黑马"

2021年7月，抖音主播"彩虹夫妇"突然登上抖音直播榜单的周榜第四名，直播仅两场就获得3260万元的销售额，其整体数据和某抖音头部主播相比只是略逊一筹。"彩虹夫妇"之所以能够成为"黑马"，与其主播人设定位有很大关联。

当时，"彩虹夫妇"的抖音账号个人简介是这样写的——"女追男，姐弟恋，有两个孩子。没有粉丝我们啥也不是，真的感恩"。结合其置顶作品"彩虹夫妇十周年庆"，我们基本可以确定其人设为"爱情坎坷＋成功励志＋家庭美满"，即励志人设，如图7-1所示。

"彩虹夫妇"与抖音其他头部主播相比，在外貌和创意上并没有太大的优势，其短视频作品的内容标签主要有爱情经历、成功经历、育儿经验、家庭搞怪等，主要目标用户群体为中年及中年以下的已经建立家庭的女性用户。

爱情经历、成功经历、育儿经验和家庭搞怪等内容标签对接近中年已经建立了家庭的女性用户具有强相关性，"彩虹夫妇"女追男的短视频内容也能轻易引起情感共鸣，从而使粉丝具备强黏性。"彩虹夫妇"根据其目标粉丝群体来确定直播带货选品策略，正是其选品制胜的原因。

"彩虹夫妇"的选品全部围绕自己的目标粉丝群体，所有商品都根据粉丝群体的属性来选定，商品种类渗透到粉丝生活的方方面面，主要分为3类：第一类是满足家庭生活中女性个人需求的商品，第二类是满足家庭整体需求的生活用品，第三类是家庭中婴幼儿或儿童需要的商品，如图7-2所示。

图7-1　置顶作品"彩虹夫妇
十周年庆"

图7-2　"彩虹夫妇"的
选品

"彩虹夫妇"利用十周年庆、感恩回馈、冲刺500万粉丝等时间节点开启一系列直播带货活动，并且利用"短视频＋直播"的方式为十周年庆专场做预热，增强对十周年庆专场的引流和流量的承接，顺利达成了单日5000万元的销售额。

直播间的好物和福袋是提升用户留存率、引导用户下单的手段，"彩虹夫妇"利用大量引流款和福利款商品来培养用户在直播间的购买习惯，提高销售转化，促成冲动性的消费行为。"彩虹夫妇"在直播前将采购福袋商品的短视频发布出来，打通了直播带货的各个环节，既可以稳固自己的人设，又是为直播引流预热的手段。

活动2　实施抖音IP融合

抖音账号的运营人员要想实施抖音IP融合，首先要明确抖音短视频的人设定位，也要明确抖音主播的人设定位。由于前面已经介绍了抖音短视频人设定位的方法，下面先重点介绍抖音主播人设定位的方法。

在抖音直播中，人设的打造可以使主播的定位更加鲜明、立体，帮助主播输出价值观，告诉用户"为什么要看我的直播""为什么要在我的直播间里购物"。主播不断输出专业的内容，在内容中展现自己独特的风格，逐渐形成个性化标签，久而久之就会形成个人IP，用户会特别信任主播与其所说的话，并愿意购买主播推荐的商品。

打造抖音主播人设时，一般要明确以下几个要点，如表7-4所示。

表7-4　打造抖音主播人设的要点

要点	说明
我是谁	主播首先要确定自己的身份，要根据自身特点、专业知识和经验找到能够施展自身才华的领域，确定好自己的身份，如美妆达人、服装设计师、某行业的专家等
面对谁	要清楚目标用户群体的特征，如地域、年龄、性格、偏好、收入状况、消费能力等
提供什么	主播要根据目标用户群体确定能够在直播间提供的商品或服务，例如，为年轻妈妈提供婴幼儿用品，如玩具、绘本、食品、童装等
解决什么问题	主播要根据目标用户群体特征挖掘用户痛点，然后提供解决方案，推荐品质好货
带来什么价值	主播在直播时要能够给目标用户群体带来一定的价值，如让年轻女性变美、变漂亮，使她们更加自信等

要想让用户更深刻地记住自己，抖音主播必须要有自己的闪光点或特点，抖音主播要在遵守以上要点的基础上为自己打造个性化的标签，形成较高的辨识度和鲜明的特点。抖音主播可以从如表7-5所示的几个方面来展开。

表7-5　打造个性化标签

打造个性化标签	说明
起个好名字	在注意力稀缺的时代，主播的名字只有被用户记住才能有继续打造IP的可能性。起个好名字是主播获得用户关注、被用户记住的有效方式。好名字应当朗朗上口，简单易记，不会产生歧义，字数也不要太多，控制在5个字以内，同时要与所在领域相关
打造个人形象	主播要内外兼修，不仅要打造良好的外在形象，让设计师根据自己的气质为自己设计一套形象，还要做出恰当的言谈举止，并注重自己的内在形象，例如输出正确的价值观和正能量
研究头部主播	主播要学习借鉴所在领域头部主播的成功经验，如引流方式、运营方式和互动方式等，将这些技巧和策略为自己所用，然后形成颇具个人特色的直播话术
深耕细分领域	主播要凭借自己在某一细分领域积累的经验，深耕该领域，通过对行业内竞争对手及直播间粉丝需求的分析，找到适合自己的细分领域进行深耕，努力做到最好，最大化地展现自身优势，逐步扩大自己的影响力

抖音主播的人设可以分为4种类型，如表7-6所示。

表7-6 抖音主播的人设类型

人设类型	说明	特点
专家人设	专家人设可以利用权威效应来增强新用户对主播的信任度。主播要持续地进行专业内容输出，强化用户的认知	专家人设的门槛较高，一般需要机构或职称认证，并有专业技术支持，所以很难批量复刻，但这类人设可以在短时间内获得用户信任，更容易促成转化
达人人设	打造达人人设要在一个垂直领域做精做深，切忌在多个领域跳转	达人人设对专业背书的要求不高，但需要前期运营，建立人设的难度更大，需要丰富的内容为人设做铺垫
低价人设	低价人设主要强调推荐的商品性价比高，物美价廉，通过让利来吸引用户	低价人设分为两种情况，一是背靠货源地，用原产地现货、没有中间商等优势来强调自己的商品物美价廉；二是背后有强大的供应链支持，可以打通链路中的各个环节，能最大幅度地让利给用户
励志人设	励志人设通过直播聊天向用户介绍个人成长经历，输出价值观，并得到用户的认同。励志人设与用户之间的情感链接会吸引有着相同或相似经历的用户，大家在这个大家庭氛围中抱团取暖，加深了这层情感链接	励志人设很容易与用户建立深层的情感认同，这类人设的重点在于对人有情有义，对粉丝一片赤诚之心，对弱势群体充满爱心，对不良现象重拳出击。该类人设与用户的情感链接一旦形成就很难被打破，粉丝黏性非常强，粉丝会形成观看习惯，直播转化率很高

主播人设要与短视频IP相符。例如，短视频是一个人，直播时主播又是另一个人，这样就会给粉丝造成落差感，所以通过短视频向直播间引流时要秉持"所见即所得"的原则，短视频主角和主播要尽可能保持一致。

案例："咖啡你冲不冲"——"大嘴妹"依靠独特风格从直播间冲到短视频

"咖啡你冲不冲？冲冲冲！冲冲！"2022年9月，某咖啡品牌直播间的主播"大嘴妹"通过"有趣"的节奏型演唱卖货，让直播间在抖音本地生活爆火。

本以为这一波热度几天就结束了，没想到"大嘴妹"又利用抖音合拍从本地生活直播间火到了短视频，不断席卷用户的推荐页。

"大嘴妹"背后的运营公司非常聪明，当"大嘴妹"在本地生活领域爆火之后，为了延续她的热度，立马做起了抖音挑战榜，把"大嘴妹"从本地生活直播的爆款做成了短视频内容爆款，帮她继续"出圈"。同时，"大嘴妹"照例进行直播，直播观看人数不断增加。该咖啡品牌直播间账号也在迅速涨粉，其中70%的粉丝来自直播涨粉，"大嘴妹"个人账号的粉丝量也不断上涨。

如今，"大嘴妹"已经成为其运营公司在抖音本地生活服务IP人格化的代表。此外，运营公司正在复制更多的"大嘴妹"，"大嘴妹"也开始拓展自己的业务，出现在各个抖音官方本地生活品牌的直播间，甚至有不少本地生活直播间、电商直播间趁此波热度，开始模仿"大嘴妹"的直播风格。

其实，"大嘴妹"的这种直播带货形式在抖音屡见不鲜，本质上还是在走娱乐直播带货的老路。当然，这一流量形式已在电商直播被验证，十分容易使用户产生互动、关注、点赞等行为，也极易增加用户在线停留时长，但成交转化相当困难。

而且娱乐化直播形式的问题在于，随着直播时间的延长，粉丝们会对猎奇的娱乐直播带货形式失去新奇感。例如，华莱士、万方圆拌粉等大量的本地商家在直播间模仿这种带货模式，想在短期内借助热点冲刺GMV，但销售结果差强人意。

大嘴妹的火爆除了有趣的节奏型演唱风格之外，关键在于"大嘴妹"的个人IP鲜明，"大嘴"的标签就是很好的记忆点。不管是直播间还是短视频，网友们都在讨论她的大嘴，一下子就拉高了直播间的互动度，同时使短视频传播更广。

其实，"大嘴妹"在一开始直播时会有意掩饰自己嘴大的弱点，但有一次在直播间忘了这一点，出乎意料的是，这场直播的数据表现非常好，这让直播团队意识到"嘴大"也可能是主播的优势所在。在接下来的直播中，直播团队围绕主播"嘴大+双马尾"的特色有意进行了人设输出，事实也证明这种反差极大的主播人设为用户带来了新的兴趣点。另外，"大嘴妹"在抖音账号上讲述自己从普通的穷女孩奋斗成为金牌主播的经历时失声痛哭，也让更多人看到了一个更真实的"大嘴妹"，主播的人设也更加丰满。

另外，该咖啡品牌直播间在运营时考虑到了匹配度，即人、商品和所在领域的协调。该咖啡品牌是一个年轻的品牌，用户画像也以年轻人和上班族为主，而这部分目标用户的风格偏好更倾向于轻松解压、休闲娱乐的内容，"大嘴妹"带来的视觉冲击和"有趣"的节奏型演唱风格，轻松成为吸引这一批用户的利器，也造就了该咖啡品牌直播间独一无二的风格特征。

直播间里的"大嘴妹"极其注重自身特点的塑造和展现，在确立了自身IP后，为保持直播间风格的统一，固定人设，并没有过分追求完美，而是将瑕疵展现在看似随意的场景下，因为真实的东西都没那么完美。

活动3　实施抖音流量融合

实施抖音流量融合，主要体现为短视频与直播互相引流，而为抖音短视频和直播引流的方式主要包括通过公域和私域引流、投放DOU+引流等。

1. 短视频与直播互相引流

短视频与直播是相辅相成的，一般来说，短视频是重要的引流渠道，直播是重要的变现渠道，而流量巨大的直播也可以为主播的短视频带去不菲的流量。

短视频给直播带来的流量是非常多的，属于自然流量，流量成本低。短视频推荐是抖音最核心的模块之一，聚集了平台较多的流量，大多数用户会通过短视频进入直播间。如果想通过推荐页的短视频进行引流，就需要满足"当粉丝刷到短视频的时候主播正在直播"这个条件。主播要做的是向直播间引流，所以发布的短视频不仅要具有时效性，而且要基于直播内容策划创作，或者直接发布直播时的录屏。

对于引流短视频来说，内容不需要过分追求质量，只要与主播人设相符合即可，且在直播前利用短视频引流时要多发布几条短视频，采用"赛马战略"，让短视频尽量在推荐页的公域流量池中分得流量。只要短视频的人气提升了，直播间上直播广场也就相对容易了。

引流短视频一般要符合以下条件。

（1）短视频内容与商品相关

短视频内容要紧密联系商品，否则很难达到引流的目的。为了能够向直播间引流，主播需要注意技巧，学会巧妙地结合商品来拍摄短视频内容。

（2）短视频内容时长要短

要想在第一时间吸引用户的注意力，主播就要在短视频中突出重点，将重点内容放在短视频开头，并且保证短视频足够简短，这样有利于获得更多的关注度，吸引更多的目标用户。

（3）短视频视觉效果好

要想吸引用户进入直播间，短视频内容就需要注重视觉效果，将商品更好地展示给用户。第一，要保证短视频内容的清晰度，这样才能让用户更好地了解商品，提升用户的观看体验，提高其购买的可能性。第二，突出商品，这就需要具备专业的拍摄设备或者人才。通过巧妙的拍摄和剪辑，在短视频中突出商品的优势和特色，从而吸引更多的用户，提高直播间的留存率。

（4）为短视频内容设置标签

想要提高完播率，最好为短视频内容设置特定标签，这样更容易让用户搜索，也能吸引到精准的用户，平台也会将其推荐给对商品感兴趣的用户。如果短视频没有设置标签，平台就不会将短视频进行精准推荐，也就意味着很难吸引到目标用户。

为短视频内容设置标签能够为直播间精准地筛选用户，而主播会在直播间满足这一类型用户的需要，反过来这些用户会把短视频看完，提高短视频的完播率，进而提高直播间的流量。

在为直播引流时，主播要充分利用短视频，从直播前、直播中和直播后三个阶段做好对直播的引流，如表7-7所示。

表7-7　为直播引流的短视频发布

阶段	短视频数量	发布时间	投放目的	短视频样式
直播前	预热短视频1~3条	直播前1天或当天	预先抢占用户的注意力和流量位	开门见山式（自我介绍＋时间＋福利等关键信息）
直播中	引流短视频3~8条	直播期间或直播前半个小时；竞价投放预留过审时间2~3小时	利用账号自然流量或竞价投放为直播间引流	直播切片；商品清单；纯商品展示
直播后	回流短视频1条	直播后1天	增强粉丝信任感和粉丝黏性；优化短视频制作成本	直播数据战报；直播高光时刻

直播间的超高人气反过来也会为短视频引流。当抖音直播的观看量足够多时，如果用户对主播的人设很感兴趣，也会相应地对其短视频内容产生好奇心，然后点击主播的个人账号进入短视频界面，有选择性地点击相应的短视频，从而增加短视频的播放量。

另外，有些侧重于直播的抖音账号主要在直播时为用户提供优质内容，而下播后如果用户想要更详细地了解直播中的相关内容，就可以到主播的账号主页查看短视频，满足信息需求，这在一定程度上也增加了短视频的播放量。

因此，要想促成这个结果，首先要想办法提升直播间的人气，其中一种方法就是提升抖音直播间的推荐流量。要想提升抖音直播间的推荐流量，主播就要做好直播间内的转化，提升直播间内每一个用户的生命周期。当用户从推荐页进入直播间，直到产生有效停留前，用户对直播间来说价值并不大，而用户的停留时间越长，用户的互动行为越多，单个用户的价值才越高，这个过程包含不同的考核指标，如表7-8所示。

表7-8　单个用户价值考核指标

考核指标	说明	具体指标
互动指标	互动指标体现的是用户对直播内容的兴趣度，进而影响直播间的热度，以及系统基于直播间热度的推荐	用户停留时长、粉丝团、关注、评论、点赞等
商品指标	商品指标体现的是用户对商品的兴趣度，进而影响系统基于商品的人群推荐	商品曝光、商品点击、订单生成、订单购买等
订单指标	订单指标体现的是直播间的变现效率，越成熟的直播间对该指标的考核力度就越大	GMV、UV、千次观看成交金额、购买转化率等
粉丝指标	粉丝指标体现的是粉丝对直播间的兴趣，粉丝指标也很重要，因为粉丝是最容易看到直播间的人群，一旦粉丝对直播间的兴趣度降低，就会影响直播间整体的流量	活跃粉丝看播占比、粉丝UV、粉丝互动率等

以上指标是主播要想方设法在直播间运营的核心，只有运营好这些指标，直播间才能获得正向成长。

2．通过公域和私域为短视频和直播引流

创作者可以通过公域和私域两大类渠道为短视频和直播引流。

（1）公域引流

公域流量也称平台流量，指被平台所共有的流量。公域流量的特点是流量属于各个平台，创作者入驻后通过搜索优化、参加活动、花费推广费及使用促销活动等方式来获得用户和成交订单。公域流量运营的核心是要熟练掌握平台规则，根据平台的发展规律顺势运营。

创作者可以利用的公域流量主要有今日头条、微博、抖音话题等。

① 今日头条

作为资讯平台，今日头条开始出现独立的"购物"频道，当用户在搜索某个关键词后，搜索结果页中会出现"购物"频道（见图7-3），而"购物"频道中的商品来自抖音电商，用户在今日头条中购物与在抖音中购物没什么区别，甚至可以看到直播间画面，并在直播间内下单。同样，今日头条中的"直播"频道的内容也来自抖音。早在2022年5月，今日头条就对其"直播"频道进行整体升级，升级之后的服务由抖音提供。在一系列的业务融合后，如今的今日头条已经打通带货体系，成为抖音电商的重要导流平台。

因此，创作者可以在直播时选择将直播内容分发到今日头条平台，增加直播间的流量入口。

短视频也是如此，创作者可以在抖音发布短视频的界面选择"作品同步"中的"同步至西瓜视频和今日头条"，一键分享到西瓜视频和今日头条这两个平台，增加短视频的曝光量。

另外，微头条作为今日头条的社交媒体产品，也可以为抖音短视频或直播引流。创作者可以在微头条发布短内容，与用户互动，从而建立关系，获得粉丝。微头条为创作者提供与粉丝高频互动交流的功能，在人工智能推荐的基础上，也增加了社交分发的机制。因此，创作者可以在微头条发布与抖音短视频或直播相关的内容，吸引对抖音短视频或直播内容所属领域感兴趣的用户前来观看。例如，某今日头条账号在微头条发布抖音直播预告，向粉丝介绍直播时会推荐的食品、日化用品等，如图7-4所示。

图7-3　今日头条的
"购物"频道

图7-4　微头条发布抖音
直播预告

② 微博

创作者可以在创作并发布抖音短视频后保存短视频，在微博平台上发布，只要短视频的内容足够有趣、优质，自然会吸引微博用户关注，然后创作者可以在微博评论区或微博私信说明抖音账号的名称，将微博上的流量引流到自己的抖音账号上，从而增加抖音短视频的播放量。

微博为抖音直播引流的方式主要是在微博上发布抖音直播预告，明确告知用户自己将于何时直播、直播的主题是什么、直播中会有哪些福利，吸引微博用户前来观看，从而提升抖音直播间的人气。

③ 抖音话题

在发布抖音短视频时，创作者只需点击"#添加话题"按钮即可输入话题名称，创建新话题。抖音话题分为三大类，分别是普通话题、品牌话题和挑战赛话题。创作者在创建话题后要给话题添加头像和文字介绍，这样不仅可以植入品牌信息，还可以获得抖音官方的流量扶持，挑战赛话题更能直接插入活动广告信息、品牌账户信息和活动链接等。

抖音话题挑战赛的发起通常是找第三方，话题涉及投放方案规则、视频制作、落地页制作、目标群体分析等，把自身最具优势的亮点在一分钟的短视频中进行展现，同时引导用户进行转化。投放以后，用户在刷短视频时，品牌挑战短视频会自然穿插在信息流之中。

创作者还可以利用账号本身具有的流量优势，让达人跟拍话题，一般需要创作者给出拍摄短视频的模板方案，达人负责配合，在发布短视频时带上指定话题，进行模仿跟拍即可。

随着抖音话题热度的提升，发起话题的短视频也会吸引很多用户的关注，如果这时开播，其直播间也会吸引众多对该话题感兴趣的用户。

案例一：森马"寻找连衣裙女孩"引爆春装销售

2022年春夏换季之时，气温逐渐回升，购置新一波靓丽轻盈的春装成为女性用户的消费主题。知名服装品牌森马在4月8日发起"寻找连衣裙女孩"主题活动，采用"话题挑战赛+1分钱入会+直播超级单品推荐"的组合形式，引爆春装市场。

在话题挑战赛方面，森马用爆款连衣裙、定制项链、无门槛券等奖励形式邀请用户带话题"寻找连衣裙女孩""穿什么就是什么"发布话题短视频，并联动名人发布话题宣传短视频，助推热度。

随着活动开展，"寻找连衣裙女孩"这一极具浪漫感和春日气息的宣传话题吸引了一大批年轻女性秀出春装大片，整体话题的内容产出有较高的质量。

为了更好地承接话题热度带来的流量，森马采用"头部达人带货+品牌自播"双向发力。

在达人推广方面，森马根据不同的主播特点匹配不同的货盘。4月8日，某艺人专场开播4小时，单价109元的"森马连衣裙清爽复古"成为单品销量冠军。当天，罗××在直播间也带货了森马的43件商品，品类涵盖帆布鞋、休闲裤、男女式上衣等。

同时，森马官方旗舰店及授权旗舰号等多个品牌自播号也接力开播，直播间开展了超级福袋、福袋、立减券等多重活动，促进销售转化，并且主推1分钱入会抽奖，积累品牌会员。

通过短视频和直播的融合运营，森马发起的"寻找连衣裙女孩"主题活动最终取得圆满成功。

案例二：利用新品话题营销，智能家电品牌追觅实现销售额爆发

2022年3月，聚焦智能家电的新锐品牌追觅在抖音直播间实现4901.5万元的销售额，销售额爆发的主要原因是与"抖音电商新锐发布计划"合作，大力推广新品"H12智能无线洗地机"，仅7天时间单品销售额就突破2600万元。

在短视频"种草"方面，追觅联手多位头部大V和腰部达人，使用"新家务自由"和"抖音电商新锐发布"两大话题进行推广引流和口碑传播。

头部大V覆盖广泛用户群体，家居垂直类达人和测评博主等可以精准针对家居用品类的高兴趣度用户进行传播，点面结合，实现热度提升。

在直播带货方面，3月18日到19日，追觅联手"交个朋友直播间""家电大兵"两个账号进行直播带货。其中，"交个朋友直播间"采用"预售+加赠700元福利礼包"的形式促销，商品的销售量在挂车无讲解时段就有了大幅度增长。

与此同时，追觅的品牌自播矩阵也在协同发力，助力新品销售，除了搭建充满质感的直播

间背景，主打"直播破价"和"7天试用"之外，还有高清机位深度讲解商品，并现场演示清洁功能，加强用户的信任感并促进成交。

（2）私域引流

私域引流入口主要有微信号、微信群和抖音粉丝群。私域流量池一般是通过抖音短视频和直播的引流而建立的，并最终服务于抖音短视频和直播。

微信号的引流途径主要是抖音的账号简介。抖音的账号简介通常简单明了，一句话即可说明账号的特点和优势，然后引导用户添加微信号，但不要直接标注"微信"字样，可以用拼音简写、同音字或其他相关符号来代替。创作者的原创短视频播放量越大，曝光率越高，引流至微信号的效果也会越好。

随着微信号中抖音粉丝的数量越来越多，创作者可以引导粉丝加入微信群，以进行日常维护和运营。当发布新的短视频或者进行直播时，创作者可以将内容分享到微信群内，粉丝即可获知更新消息，快速观看短视频或直播。

抖音粉丝群也是如此，但会直接显示在抖音账号主页的商品橱窗旁边，让抖音粉丝群真正成为抖音账号面向所有粉丝的私域运营工具。在抖音粉丝群中，除了聊天之外，创作者可以发布商品、作品更新自动分享，以及直播提醒。

抖音粉丝群非常便于维护忠实粉丝，盘活用户，带动直播间人气，提升复购率。粉丝加群门槛可以自定义设置，如粉丝团等级达到5级才可以申请进入抖音粉丝群，这样可以对粉丝进行很好的筛选。在抖音粉丝群，重要信息可以利用群公告进行通知，一键激活新老粉丝，同时群内有各种活动玩法，如红包、连线、表情包等，可以活跃群内的气氛，增强粉丝的黏性。

3. 投放DOU+引流

在短视频发布之后，创作者可以通过投放DOU+为短视频引流，提升短视频的播放量和互动量，使短视频内容获得更多的曝光。

在使用DOU+工具时，创作者可以直接在抖音后台进行操作，无须转至其他平台，非常方便快捷。在抖音平台直接选择需要提升曝光的短视频，再选择期望提升的目标、投放市场、定向方式，设置投放预算，支付完成后，短视频即可自动进入更大的流量池进行评级。

使用DOU+工具推广的短视频会直接显示在关注或推荐信息流中，没有"广告"标识，与其他短视频并无明显区分，但推送的优先级会高于普通的短视频。

除了为短视频投放DOU+，为直播投放DOU+也是常见的引流行为。在为直播投放DOU+之前，主播首先要做好投放的准备工作，其次在直播过程中不断对投放计划做出调整。

（1）做好投放的准备工作

主播在投放前通常要建立直播计划来确定预算，然后框定推广的目标用户。在建立直播计划时，主播要考虑到抖音账号所处的发展阶段，以及账号属性，这些因素都会影响如何设置预算、框定目标用户。

① 账号的不同发展阶段

一个抖音账号往往会经历3个发展阶段，即冷启动期、成长期、成熟期，每个阶段的投放重心会有所不同。

• 冷启动期：主要任务是获得更多的曝光量，着重优化"进入直播间"这一指标，让用户先了解、接触到直播间。在这一阶段，主播要多做几次测试，看哪一类用户对直播间感兴趣，逐步确定直播间的目标用户。用于优化曝光量的预算不要占整体预算的20%以上，因为拉动直播间人气的最终目的是让用户下单，如果用来优化转化数据的预算过少，会导致成交过少，就会本末倒置。在对新账号不太了解的情况下，主播不要把预算设置得太高，尽量在能把控的范围内。随着账号慢慢成长起来，预算可以逐步增加，以此提高曝光和成交量。

- 成长期：尝试减少投放预算，以此来增加利润，但减少的幅度一般不超过10%，否则会导致数据下滑严重。当发现数据太差时，主播可以适当增加预算。由于在这一阶段账号的曝光量已经不成问题，所以主播可以重点优化下单成交数据，甚至只优化这一指标。等到把预算降至最低，但同时也能有利润的时候，投资回报率已经趋于稳定，账号也慢慢发展到成熟期。

- 成熟期：在保证投资回报率稳定的情况下，主播要再一次增加预算，使利润有较大的提升。成熟期的账号已经有了大量的消费用户，如果想提升复购率，可以把直播间投放给已经消费过的老用户。主播还可以让系统根据已有成交用户的画像找出与之有关联性的用户群体——他们可能性别相同，有相似的兴趣爱好和消费能力等。这些人可能就是潜在消费用户，将直播间投放给他们，成交的概率会大大增加。

② 账号属性

账号是品牌账号还是达人账号，也会影响投放策略的不同。

如果是品牌账号，只给旗下的商品带货，选品都是从已有的商品库中挑选，在做投放时可以采用"货找人"的方式，即根据现有商品来推断对此感兴趣的用户的特征。推断的方式如下：一是根据自己对商品的理解，结合商品在其他平台的成交数据来找到目标用户；二是找到相似商品的成交数据，如与自身商品的客单价、功能、设计相似的商品，受哪些群体的欢迎，这类用户很有可能是自己的目标用户。

如果是达人账号，选品要遵循"人找货"的原则，即根据自身定位和粉丝画像来推断哪一类商品能够获得更高的销量。在确定选品后，达人要把直播间投放给可能对商品感兴趣的用户，不光要投放给达人的粉丝，还要投放给相似达人的粉丝群体。与相似达人产生关注、直播互动、购物车点击、购物车下单等行为的用户，很有可能就是自己的目标用户。因为定位相似的达人们的选品往往也是相似的，而在其他相似达人那里互动或下过单的用户，说明对该品类商品有需求。如果这批用户来到自己的直播间，就很有可能成交。

（2）直播过程中的投放

在直播过程中，投放DOU+并不是只投放一两次就足够了，基本上每过半个小时或1个小时就要做一次投放。在做投放时，主播可以采用以下投放策略。

① 配合好商品上架节奏

在一场直播中，主播往往会推荐几十个不同的商品，要根据不同的商品制订相应的投放计划。现在直播间的带货流程一般是先放超低价的引流款吸引用户来为直播间提升人气，然后放客单价较高的利润款来实现盈利。

主播要根据不同商品的上架顺序来做好投放计划，并在直播中提前十几分钟为下一个商品投放DOU+进行引流，以保证在每一个时间段都有用户进入直播间下单。

② 投放短视频进行引流

通过投放短视频为直播间引流时，主播可以在直播中每隔10~15分钟发一条短视频，内容是直播间的花絮、抢福利现场，以此来吸引用户。投放短视频的成本较低，同时又能吸引到比较精准的用户，因为观看了短视频的用户已经对直播内容有了大致的了解，在观看短视频以后用户还愿意进入直播间，说明其对商品感兴趣。

活动4　实施抖音变现融合

实施抖音变现融合，主要体现为广告变现、电商变现、付费变现、平台扶持变现等。不管是抖音短视频还是抖音直播，都可以使用这4种变现模式。

1. 广告变现

广告是抖音账号最直接的一种变现方式，如果创作者没有自己的店铺、商品或品牌，广告变现就是最合适的方式。目前，抖音星图平台主要负责对接抖音上的广告资源合作，创作者在其中接广告的方式主要有广告公司派单、广告主主动找到创作者、创作者主动寻找广告主和签约MCN机构等。当创作者的抖音账号有一定数量的粉丝和稳定的播放量后，广告主就会主动找上门来，可以通过帮他们发软广、硬广的方式来变现。广告变现要考虑到短视频的呈现效果，以免对创作者和品牌造成负面影响。

只有满足一定条件，通过信息审查后，创作者才能加入抖音星图平台，加入条件如下：创作者可以通过和MCN签约，成为MCN签约达人；创作者和抖音官方签约，成为抖音签约达人；创作者入驻，粉丝要在10万以上；确认入驻抖音星图后，在3个工作日之内开通星图账号。

除了借助抖音短视频，创作者也可以借助抖音直播进行广告变现。当主播拥有一定的知名度以后，很多广告主会看重直播间的流量，委托主播对他们的商品进行宣传，主播可以收取一定的推广费用。

2. 电商变现

不管是短视频还是直播，创作者都可以通过电商进行变现。创作者可以在短视频中直接加入商品链接或购物车按钮，用户看到感兴趣的商品后可以点击购买。短视频的精美画面和生动的讲解可以更好地激发用户的购买欲望。

直播电商变现主要依靠直播带货。直播带货是目前十分火热的变现模式之一，要想在抖音直播带货，需要达成的条件包括：已成功开通商品分享功能；实名认证；粉丝大于1000个；发布的短视频数量大于10个；直播前要保证商品已经提前添加到橱窗，也能挂到直播间购物袋内。

直播带货模式有两种：一是主播自己经营店铺，利用直播吸引人气；二是某店铺需要主播推广，主播负责在直播时推广店铺商品，以此来吸引用户，用户看直播时可以直接购买商品，最终抖音平台和主播/店铺分成。

案例：抖音上线图书聚合页功能，推出"好书大晒"激励活动

全力电商化的抖音看中了图书电商市场。2023年2月，抖音上线了图书聚合页功能，延伸图书类短视频的内容和深度，用户在添加聚合页的短视频中即可看到相关的内容。具体来说，该页面聚合了围绕特定图书的短视频，如内容介绍、解读、读书方法、读书心得等，还可以看到图书评分和精选书评。在内容"种草"后，用户可以跳转到抖音商城该图书的搜索页面进行筛选和购买。

目前，粉丝量在1万以上的创作者可以在短视频发布时添加图书聚合页面，粉丝量在1万以下的可以通过"好书大晒"活动添加。"好书大晒"是抖音同期推出的激励活动，鼓励图书作者、出版社、创作者发布图书相关作品。

简单来说，这次新功能的推出就是将原本"视频讲书"与更多相关内容，以及图书电商结合起来，达人的推荐、讲解，普通用户的读书心得分享，都成为很多用户选书、购书的重要参考。

图书聚合页这一功能就是抖音对图书"种草"的尝试，希望能激发用户的阅读兴趣。相较于过往的图文、音频形式，用短视频和直播的形式来讲书、推书更加直观且互动性强。值得注意的是，通过视频"种草"、直播带货、抖音商城等多种渠道，抖音电商已经在图书这一垂直品类下创造了销量奇迹。

《2022抖音电商图书消费数据报告》显示，过去一年，抖音电商共售出2.5亿单图书。其中，商城渠道带动图书GMV同比增长315%，搜索和店铺橱窗所带动的GMV也翻了一番，同比分别增长130%和115%。

3. 付费变现

抖音付费直播一般会让用户免费观看3分钟，然后便弹出购票继续看的提示，用户在支付抖币后才能继续观看。抖音账号开启付费直播，需要将付费直播收入的10%交给平台。

除直播赞赏、直播带货、广告收入等方式之外，付费直播这种形式无疑是一大变现新渠道。对于创作者而言，付费模式无疑更激发其创作内容的动力，进而创作出更加优质的内容，最终使平台内容走向多元化、精品化。创作者获得付费直播开播资格的条件包括完成实名认证、粉丝数不少于1000人、短视频投稿数不少于20条、近60天内无多次直播中断封禁记录等。

短视频付费变现主要是付费观看和会员制增值服务付费。短视频的内容付费可以筛选优质内容，节约用户的选择成本，让用户收获满足感和充实感，知识付费是最具有发展前景的付费观看模式之一。会员制增值服务付费的内容一般有"VIP"标识，用户必须付费获得会员权限后才能观看。

4. 平台扶持变现

抖音平台会根据业务实际情况推出对创作者或主播的扶持政策，帮助创作者或主播创作优质内容，提升抖音内容生态。创作者或主播可以借助抖音平台的扶持政策扩大账号的知名度，进而增加收益。

（1）短视频扶持政策

抖音对创作者的扶持政策主要有以下几个。

① 2022新农人计划

抖音提出2022新农人计划，以农业、农村、农民为抓手，针对三农领域进行大力扶持。

具体来说，抖音拿出亿级流量、百万DOU+等合计12亿流量资源，通过"入驻礼包""农人积分榜""新农人推荐官"等多种活动，给予三农创作者流量包和DOU+奖励，帮助其解决冷启动和曝光不足等问题，让美好乡村被更多人看到。

在运营培训方面，抖音将推出多元培训课程，为不同阶段的创作者提供个性化课程。针对初级创作者，重点巩固内容创作必备形式，提升创作者的创作能力和信心；针对中高级创作者，则提供相应进阶课程。抖音还将推出运营推广小技巧、短视频爆款法则、优质三农内容关键要素、直播带货等全方位培训课程。

在变现上，抖音将对加入计划的三农创作者提供星图、抖音小店等商业化变现工具的使用指导，助力创作者快速变现。

② 科技创作者扶持计划

2022年8月，抖音发起科技创作者扶持计划，为有志于传播科技知识、提高全民科学素养的创作者提供支持。据了解，扶持计划聚焦科技的五大赛道，分别是数码电器、航空航天、科技评论、科技科普、工程机械。从8月2日起到8月29日，创作者根据该计划发布科技知识类短视频，完成相关任务会获得DOU+券等奖励。

随着知识类创作者的崛起，以及抖音对知识领域的扶持，抖音上各行业知识内容越来越丰富，边刷抖音边学习知识将成为一种新趋势。

（2）直播扶持政策

抖音直播推出的扶持政策有以下几个。

① 新主播扶持计划

抖音直播推出新主播扶持计划，提供了大量的扶持资源，希望能够帮助公会缩短新主播的培养周期，展示高质量的直播内容，同时希望公会能够有效利用抖音平台的资源，提高主播留存率，促进公会的收入增长。

公会加入该计划后，若新主播在各任务周期内达到对应的扶持要求，则公会可基于主播在该周期的收入获得相应流量扶持。任务周期共计12个小周期，每个周期的任务条件不相同，一般是新主播直播的有效天数、新主播获得的音浪数量、公会的新主播数量，第一周期到第四周期期间，公会对单个新主播的流量支持上限为2.5万DOU+，第五周期到第十二周期期间，公会对单个新主播的流量支持上限为3.3万DOU+。

② 优质主播激励计划

2022年1月25日，抖音直播推出优质主播激励计划，首期投入千万流量和千万元现金奖励优质主播，民歌、美声、民族乐器、西洋乐器、民族舞、古典舞、当代舞7个内容品类将获得优先奖励。除了流量扶持和现金奖励，符合条件的主播还将获得专属运营服务，如官方频道轮麦表演、品类专属礼物和贴纸、官方直播培训等。2月15日，该计划面向全部主播开放。

课后实训：进行抖音"短视频+直播"融合运营

1. 实训目标

尝试进行抖音"短视频+直播"融合运营，掌握构建"短视频+直播"营销闭环的方法。

2. 实训内容

5人一组，以小组为单位，分配好各自的职责，做好短视频定位，拍摄精彩的短视频作品，然后进行直播。

3. 实训步骤

（1）做好短视频定位

根据组员的实际情况，选择大家可以配合完成的短视频内容领域，然后分析目标用户群体，确定短视频选题，构思短视频脚本。

（2）拍摄和发布短视频

小组在课外寻找适合的场所拍摄短视频，并进行后期剪辑，然后发布到抖音平台，凭借精彩的内容吸引用户关注，并用数据评估效果。

（3）推广引流

小组通过微博、知乎、今日头条等公域平台以及微信公众号、微信群、微信朋友圈、抖音粉丝群等私域平台为短视频和直播推广引流，为抖音账号积累粉丝。积累一定粉丝后，小组可以进行电商带货，在短视频和直播中展示商品。

（4）用户运营

通过各种活动或福利提高用户的存在感、归属感和专属权益感，增强用户黏性，同时强化IP。

（5）进行变现

最适合的变现模式为电商变现，小组可以通过短视频和直播的方式为商家带货，然后自己获得佣金收入。

（6）实训评价

进行小组自评和互评，写出个人心得和总结性评论，最后由教师进行评价和指导。

课后思考

1. 简述短视频与直播在内容上如何优势互补。
2. 增强用户黏性要培养用户的"三感"，"三感"指的是什么？
3. 抖音短视频和直播都可以使用的变现模式有哪些？